サラダサンドの探求と展開、
料理への応用

生野菜とパンの組み立て方

ナガタユイ

はじめに

パン屋さんでサンドイッチを選ぶ人の多くは
「野菜が食べたいから」だと聞いたことがあります。
バゲットにバターを塗ってハムだけをはさんだ
フランスの定番サンドイッチ"ジャンボン・ブール"は
日本では「野菜がないから」物足りなく感じる人が多いとか。

サンドイッチにサラダ感が求められるのは
昨今のボリューミーなサンドイッチ人気からもわかります。
たっぷり野菜のサラダのようなサンドイッチは、確かに魅力的。
とはいえ彩りがよくビジュアルのインパクトが強いものが
おいしいとは限りません。
作ってみて、食べてみて
あれ？っと思う場面もあったのではないでしょうか。
サンドイッチとは、パンと具材、双方が引き立て合うバランスが大切です。

『卵とパンの組み立て方』『果実とパンの組み立て方』に続く
第3弾は「生野菜」がテーマです。

"野菜"の魅力は奥が深く、1冊では語りきれそうにないので
加熱しない「生野菜」の魅力を探りました。

"野菜"の個性を堪能するために
まずは引き算で、単品ごとに味わいましょう。
"野菜"の個性を知ったうえで他の具材と組み合わせると
足し算以上の発見があることでしょう。
"パン"にただはさむだけではありません。
切り方、味付け、ソースの合わせ方、そしてはさむ順番にこだわると
サンドイッチが見違えます。

"生野菜"と"パン"で作る、とびきりのおいしさに出会えますように。

ナガタユイ

Contents

本書の使い方

・本書内の"サンド"とはサンドイッチ(sandwich)のことで、日本独自の略称です。

・大さじは15㎖、小さじは5㎖、1カップは200㎖です。

・E.V.オリーブ油はエクストラヴァージンオリーブ油の略です。

・白こしょうは特に記載のない場合は、細挽きを使用しています。

パンに合うおもな野菜

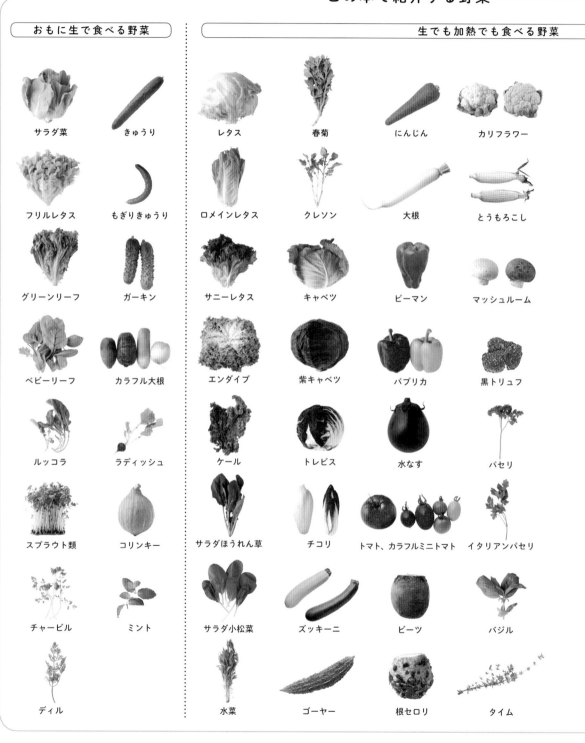

おもに生で食べる野菜

サラダ菜	きゅうり
フリルレタス	もぎりきゅうり
グリーンリーフ	ガーキン
ベビーリーフ	カラフル大根
ルッコラ	ラディッシュ
スプラウト類	コリンキー
チャービル	ミント
ディル	

生でも加熱でも食べる野菜

レタス	春菊	にんじん	カリフラワー
ロメインレタス	クレソン	大根	とうもろこし
サニーレタス	キャベツ	ピーマン	マッシュルーム
エンダイブ	紫キャベツ	パプリカ	黒トリュフ
ケール	トレビス	水なす	パセリ
サラダほうれん草	チコリ	トマト、カラフルミニトマト	イタリアンパセリ
サラダ小松菜	ズッキーニ	ビーツ	バジル
水菜	ゴーヤー	根セロリ	タイム

野菜にはたくさんの種類があり、おいしい食べ方はそれぞれの野菜の品種や鮮度によって異なります。ここでは本書に出てくる、パンに合う野菜を中心に紹介します。生食、加熱、同じ野菜でも調理方法により味わいが変化します。本書では「生野菜」にこだわり、あえて加熱はせず、切り方や調味方法の違い、組み合わせの相性などを深掘りします。

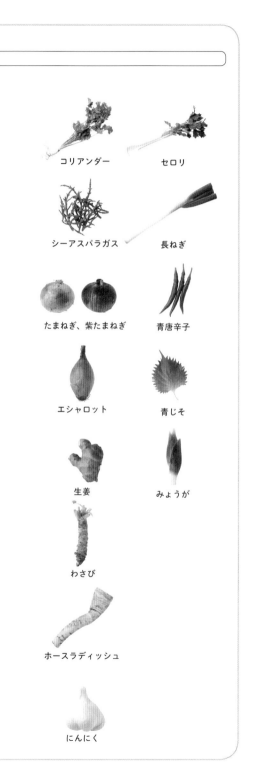

コリアンダー　　　セロリ

シーアスパラガス　　長ねぎ

たまねぎ、紫たまねぎ　　青唐辛子

エシャロット　　　青じそ

生姜　　　みょうが

わさび

ホースラディッシュ

にんにく

おもに加熱して食べる野菜

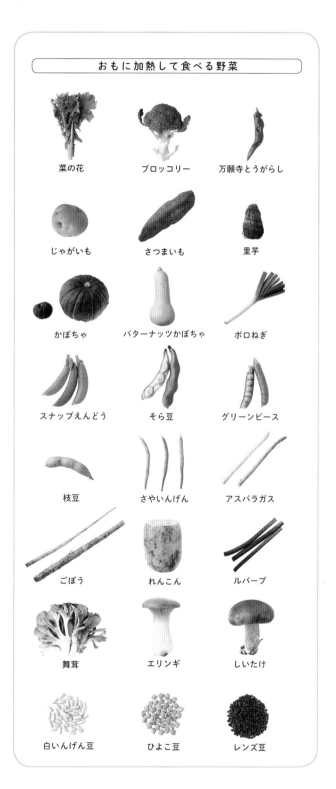

菜の花　　　ブロッコリー　　万願寺とうがらし

じゃがいも　　さつまいも　　里芋

かぼちゃ　バターナッツかぼちゃ　ポロねぎ

スナップえんどう　　そら豆　　グリーンピース

枝豆　　さやいんげん　　アスパラガス

ごぼう　　れんこん　　ルバーブ

舞茸　　エリンギ　　しいたけ

白いんげん豆　　ひよこ豆　　レンズ豆

01

パンに合わせる
基本の 生野菜

野菜の種類

野菜は種類が多く、分類法も様々です。本書では生食可能で、パンとの相性が特によいものを取り上げました。葉を食べる葉菜類、実を食べる果菜類、根を食べる根菜類、きのこ類、また料理に香りを添え、味わいを引き立てるハーブ・香味野菜類に分けて紹介します。

葉菜類

レタス

玉レタスといい、サンドイッチに使う具材のなかでも特に人気が高い。内側の葉は色みが薄いが、シャキシャキした食感が魅力。葉を1枚ずつ丁寧に洗い、水切りも入念に。

ロメインレタス

まるく結球しないリーフレタスの一種で、コスレタスともいう。シーザーサラダには欠かせない。葉先はやわらかく、葉脈部分はシャキッとしている。葉が厚く、加熱調理にも向く。

サラダ菜

レタス、ロメインレタスの歯触りのよさとは異なるやわらかな食感が特徴。平らな葉の形状と、美しいグリーンの色みを生かすとよい。栄養価の高い緑黄色野菜。

サニーレタス

葉が薄くやわらかでクセが少ない。赤紫色の細かなヒダのある葉先が特徴で、サンドイッチにボリューム感と彩りを添える。緑黄色野菜で玉レタスより栄養価が高い。

グリーンリーフ

サニーレタスと並んでリーフレタスのなかでも人気の高い品種で、グリーンカールとも。鮮やかな緑とヒダが美しく、サンドイッチの彩りには欠かせない。

リーフレタス各種

右からブーケレタス、フリルレタス、ミネラリーフ。結球しないリーフレタスには様々な種類がある。葉の形状や食感が異なるので、食材とのバランスで選ぶとよい。

エンダイブ

葉先の濃い緑とギザギザの形状が特徴的。芯に近い部分は白っぽく、ほろ苦さのなかに甘味もある。サラダに使われる西洋野菜で、味わいのアクセントになる。

ケール

青汁の材料として人気になったキャベツの仲間。抗酸化作用が注目されており、栄養価が高い。ベビーケール（写真右）やサラダケールは苦味が比較的穏やかで食べやすい。

ベビーリーフ

野菜の幼葉の総称で様々な種類がミックスされている。食感がやわらかく野菜の栄養を丸ごと摂れるのも魅力。彩りを生かして使いたい。

サラダほうれん草

緑黄色野菜のなかでも特に栄養価が高い。生食用に改良されたサラダほうれん草や幼葉のベビーほうれん草（写真左）はアクが少なくやわらかい。

サラダ小松菜

鉄分やカルシウムはほうれん草より豊富。新鮮なものは生食も美味。幼葉のベビー小松菜（写真左）は穏やかな味わいで、クセがなくやわらかい。

水菜

茎がしっかりとしていて食感がよく、独特のピリッとした辛みと香りがある。鍋料理に使われることが多かったが、生食でのおいしさから人気が広がった。和風のサンドイッチに。

春菊

β-カロテンやビタミンCが豊富。濃い緑色と苦味、独特の香りが特徴。鍋料理など加熱調理に使うことが多いが、生食の方が味の個性が感じられる。

クレソン

β-カロテンとビタミンCが豊富な緑黄色野菜。ピリッとした辛みと清涼感のある香りが特徴で、肉料理との相性がよい。茎の部分の食感も楽しんで。

ルッコラ

ロケットサラダともいう。ピリッとした辛みとごまのような香りが特徴で、抗酸化作用が強い。葉が細く切り込みが深いセルバチコ（写真右）は辛みが強い。

キャベツ

せん切りにしたものはボリューミーなサンドイッチに欠かせない。春キャベツは甘味があり、特に生食に向く。ドイツのザワークラウトにも欠かせない。

紫キャベツ

赤キャベツ、レッドキャベツともいう。色みは抗酸化作用の強いアントシアニンによるもので、酢漬けにすると赤くなる。鮮やかな色を生かして使いたい。

トレビス

紫キャベツによく似ているが、チコリの仲間。独特の苦味とサクサクした歯触りが印象的。味のバランスを考えて使いたい。サラダのほか、加熱調理もよい。

チコリ

サクサクした食感とほのかな苦味が特徴。葉のきれいな船形を生かして前菜にしたり、刻んでサラダにしても。葉先が薄緑がかった白いものが一般的だが、赤葉の品種もある。

スプラウト類

植物の新芽で、発芽の際に高まる栄養価に注目されている。なかでもブロッコリースプラウト（写真左）は人気が高い。発芽3日目のブロッコリースーパースプラウト（写真中央）はがん抑制効果の高いスフォラファンがブロッコリーの20倍も含まれる。レッドキャベツスプラウト（写真右）は鮮やかな色みを生かして彩りのアクセントに。

野菜の種類

果菜類、根菜類、きのこ類

きゅうり・もぎりきゅうり

みずみずしさと食感のよさが持ち味。90%以上が水分で栄養価は高くないが、クラシックなティーサンドイッチに欠かせない野菜。曲がり果を若採りしたもぎりきゅうり(写真右)はピクルスに。

ガーキン

ピクルスに使われるメキシコ原産の小型きゅうり。一般的なきゅうりよりも水分が少なくしっかりとした歯応えがある。

ゴーヤー

東南アジア原産で、表面のイボと独特の苦味が特徴。食欲を高めて夏バテを防ぐ効果がある。塩もみするだけでも苦味がやわらぎ生食でも食べやすくなる。

にんじん

鮮やかなオレンジ色でβ-カロテンを豊富に含む。かつてと比べて甘味が強くクセのないものが増えている。専用のおろし器でせん切りにするとやわらかく食べやすい。

ズッキーニ

形はきゅうりに似ているが、かぼちゃの仲間。イタリア料理によく使われ、油との相性がよい。生食でもクセがなく、薄切りにするとサンドイッチに向く。

コリンキー

生食できる小ぶりなかぼちゃ。クセがなく、未熟果で皮が薄いので薄切りにして皮ごと食べられる。適度な歯触りが心地よく、色みを生かしてサンドイッチやピクルスに向く。

大根

胃腸の働きを助ける酵素が豊富。水分が多く、作り置きするサンドイッチには向かない。パンに合わせるなら作りたてを食したい。

カラフル大根

写真左から紫大根、紅くるり大根、青長大根、紅芯大根。断面が美しく辛みが少ない品種は生食に向く。彩りを生かしてオープンサンドイッチやサラダに。

ラディッシュ

二十日大根とも呼ばれる生食向きのミニ大根。カリッとした小ぶりなサイズで食べやすい。彩りと味わいのアクセントに使いやすい。

ピーマン

品種改良が進み独特の青臭さや苦味が
やわらいで食べやすくなっており、新
鮮なものは生食でも美味。肉厚で弾力
があるものを選ぶとよい。

パプリカ

ピーマンの一種で唐辛子の仲間でもあ
るが、辛みも苦味もなくさわやかな甘
味とジューシーさが特徴。赤や黄色の
ほか、オレンジ色やグリーンもある。

水なす

果肉はみずみずしくほんのりと甘味が
ある。皮が薄くアクが少ないので
生食に向く。薄切りにしてオープン
サンドイッチやサラダにすると意外
なおいしさ。

トマト

"トマトが赤くなると医者が青くなる"
といわれるほど栄養価が高い。トマト
の赤い色素のリコピンはβ-カロテン
の2倍以上の抗酸化作用がある。サン
ドイッチに欠かせない野菜のひとつ。

フルーツトマト

特定の品種ではなく、通常のトマトの
栽培法を変えて水分を抑えて完熟させ
ることで糖度を高めている。果肉が締
まっていて甘味が強く、水分が少ない
ため日持ちする。

カラフルミニトマト

ミニトマトは一口サイズの小さなトマ
トの愛称で様々な品種がある。大きな
トマトと比べて糖度が高い。一般的な
赤以外に、黄色、グリーン、オレンジ
色などがあり、組み合わせて使うと華
やかに。

ビーツ

土っぽい香りのある甘味が特徴。ボル
シチなど煮込み料理に使うことが多い
が、皮を厚くむき薄切りにすれば生食
もできる。本書では渦巻き模様のビー
ツを使用。

根セロリ

ヨーロッパでは一般的な野菜で、セロ
リの一種だが肥大化した根を食べる。
セロリに似た香りでせん切りをサラダ
にするほか、煮込み料理にも向く。

カリフラワー

加熱することが多い野菜だが、新鮮な
ものは生食でも美味。シャキシャキし
た食感が心地よい。近年は、白以外に
もオレンジ色や紫の有色品種の栽培が
増えている。

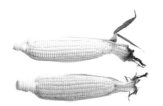

とうもろこし

穀物として食される乾燥コーンに対
し、野菜として利用されるのはスイー
トコーンと呼ばれる甘味種。フルーツ
並みに糖度が高く生食できる品種の人
気が高まっている。

マッシュルーム

ヨーロッパ原産の肉厚のきのこ。新鮮
なものは生食に向き、スライスしてサ
ラダのトッピングによい。淡白な味わ
いのホワイト種に比べ、ブラウン種は
やや濃厚な味わい。

黒トリュフ

世界三大珍味のひとつである高級きの
こ。独特の魅惑的な芳香が特徴で味で
はなく香りを楽しむ食材。薄切りにす
るとより香りが引き立つ。

野菜の **種類**

ハーブ・香味野菜類

パセリ

ちぢれた葉のパセリは濃いグリーンの彩りが美しく、付け合わせに使われることが多い。栄養価が高く、消化を高める作用があるので残さず食べたい。

イタリアンパセリ

平葉種のパセリはちぢれた葉のものと比べてクセがなく香りもさわやか。たっぷり刻んでソースやディップに合わせたい。

チャービル

イタリアンパセリに比べて葉はやわらかく上品な甘い香りが特徴。フランス料理によく用いられる。パセリやディルと組み合わせてもよい。

バジル

イタリア料理に欠かせないハーブでトマトとの相性が特によい。そのまま使うほか、たっぷりの葉をペースト状にしたりオイル漬けにしてもよい。

ディル

魚介との相性がよく、北欧や東欧でよく使われているハーブ。スープやピクルスの風味付けにもよく、やさしい風味は卵との相性もよい。

ミント

すっきりとさわやかな香りでほのかな甘味も感じられる。ペパーミントよりもスペアミントの方が穏やかな香りで使いやすい。サラダのアクセントにもよい。

タイム

ブーケガルニに欠かせないハーブで、スープや肉料理などに広く使われる。フレッシュな葉は香りが強く、少量でも香りのアクセントになる。オイルや酢に漬けてもよい。

コリアンダー

中国では香菜（シャンツァイ）、タイではパクチーと呼ばれる。独特の香りが強く、好みが分かれる一方で近年人気が高まっている。デトックス効果も魅力。

シーアスパラガス

塩田や海辺で育つためそのものに塩味があり、シャキッとした食感が持ち味。近年輸入品が手に入るようになっている。生食のほか、さっとゆでてもよい。

たまねぎ

独特のにおいと辛みは硫化アリルによるもの。生活習慣病の予防効果がある。春先に出回る新たまねぎ（写真右）は辛みが少なくやわらかな食感で生食に向く。

紫たまねぎ

赤たまねぎともいう。辛みが穏やかでマイルドな味わいのため生食に向く。アントシアニンを含み、酢と合わせると全体が赤く色付くのでピクルスにも。

エシャロット

フランス料理に欠かせない香味野菜。ベルギーエシャロットともいう。小たまねぎのような形状で内側は紫たまねぎに似た色み。細かく刻んでソースやディップに。

生姜

独特の辛みと香り成分は薬効が高く世界中で広く利用されている。すりおろして調理の下味に、しぼり汁をピクルス液に加えてもよい。

わさび

鼻にぬける独特の辛み成分には強い抗菌作用がある。和風の香辛料としてサラダやソース、ディップ類の隠し味に使うとよい。

ホースラディッシュ

ローストビーフの付け合わせやソースの材料に欠かせない西洋わさび。粉わさびやチューブタイプの加工わさびの原料にもなっている。

にんにく

世界中で料理の香り付けに欠かせない薬用植物であり、強壮剤としても広く利用されている。食欲を高める香りや辛みが特徴。刺激が強いので、生食の場合は少量ずつ使う。

セロリ

独特の香りとシャキシャキした歯応えが特徴の香辛野菜で、香り成分のアピインにはイライラを抑える働きがある。葉の部分も栄養価が高い。サラダやピクルスに活用したい。

長ねぎ

白ねぎ、根深ねぎとも呼ぶ。白い部分をせん切りにした白髪ねぎはシャキシャキした食感と繊細な香りで和風サンドイッチのアクセントによい。

青唐辛子

辛みのもとはカプサイシン。胃液の分泌を促し、消化を助けて食欲を増進させる。生の青唐辛子のフレッシュな辛みはソースのアクセントに活用したい。

青じそ

大葉という名称は流通の際の商品名が通称になったもの。薬味に使われる香辛野菜のなかでも群を抜いて栄養価が高い。パンにもよく合う。

みょうが

日本では古くから食用されている、歴史の長い野菜。和食に合うさわやかな香りと軽快な歯触りが特徴。青じそや生姜との相性がよく、組み合わせて使っても。

生野菜の 下ごしらえ

丁寧な水切りや食感を生かした切り方にこだわることで、素材の持ち味を引き出せ、おいしさが長持ちします。生食なので、衛生面に留意しましょう。

レタス

シャキッとした食感を引き出すこと、しっかりと水切りすることが大切です。大きな葉を1枚使ったレタスサンドは、ちぎらずに折りたたむことできれいな層を作ることができます。

【基本の洗浄と水切り】

1 レタスは外葉をはがす。かための食感で生食には向かないが、炒め物やスープなどの加熱料理に使うとよい。

4 10分ほど冷水に浸ける。葉が水分を含み、シャキッと鮮度を取り戻す。

2 レタスを逆さにして、ペティナイフで芯をくり抜く。

5 サラダスピナーに入れる時は、水分がとぶように葉の外側を上にする。逆さにすると葉の内側に水分がたまるので注意する。

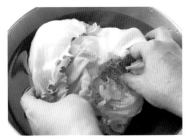

3 ボウルに2を入れ、芯をくり抜いた部分に流水をあてて葉をはがしやすくする。葉を破らないように丁寧にはがし、水を替えながらやさしく洗う。

6 サラダスピナーを回してしっかりと水気を取る。

7 すぐに使わない場合は、ジッパー付き保存袋に入れて冷蔵庫で保存する。袋の下にペーパータオルを入れておくと余分な水分を吸い取り、鮮度が長持ちする。使用する前日に行ってもよい。

8 水気が少し残っている場合は、使う直前にペーパータオルで押さえ余分な水分を取る。レタスのほか、グリーンリーフ、サニーレタスなどの葉物野菜全般は同様に洗浄、水切りをする。

使う直前に
下ごしらえした方がいい野菜

ベビーリーフやクレソン、ルッコラなど葉が薄くやわらかいものは、サラダスピナーで強く回転させると、葉が傷みやすい。洗浄、水切りは使う直前が好ましく、葉を傷めないようにやさしく行う。

サンドイッチ用のレタスのたたみ方

たっぷりレタスのサンドイッチは人気ですが、美しい断面を出すためにははさみ方にポイントがあります。レタスはちぎらず大きな葉を1枚丸ごと折りたたんで使いましょう。パンにはさみやすく、バラバラに崩れにくいので、食べやすくもなります。

1 レタスは大きな葉を1枚使う。かたい芯の部分は、手の甲で軽くたたいて繊維を砕くと食べやすくなる。

4 巻き終わりを下にして、食パンの内側に収まるサイズに整える。

2 レタスの自然なカーブを生かし、芯を内側に巻き込む。次に両脇を中央に向かって折りたたむ。

5 手のひらで上からしっかりと押さえて、折り目を付ける。押さえた際に一部がちぎれても、レタスの繊維がつながっているのでバラバラにはならない。

3 ロールキャベツのように、葉をそのまま巻き込む。

6 レタスが開かないので、サンドイッチにする際に、崩れにくく作業がしやすい。

キャベツ

生のままサンドイッチにする場合は、せん切りがメインになります。そのまま使うだけでなく、塩もみやマリネにしてもおいしくいただけます。やわらかい春キャベツは、太めに切ったり、角切りにしてもよいでしょう。

【包丁でせん切り】

1 芯の周りに包丁で切り込みを入れ、葉を1枚ずつはがす。

4 葉を丸めて包丁でせん切りにする。

2 ボウルに1を入れ、流水でよく洗う。ザルに上げて水気を取る。

5 冷水に5分ほどさらすとシャキッとした食感になる。

3 かたい芯の部分は切り取るか、薄くそぎ切りにする。

6 サラダスピナーに入れて回し、水気を取る。

【スライサーでせん切り】

1 キャベツは使用するスライサーの大きさに合わせて切る。かたい芯は取り除く。

【角切り】

キャベツは洗浄、水切りをしてから8mm角に切る。

2 スライサーの厚みを調節してせん切りにする。キャベツの量が少なくなってくると刃が手に当たって危険なので、付属の安全装置を使うか、軍手や手袋をするなどして注意する。カット後に洗浄し、冷水にさらしてから水気を取る。

※スライサーで細めに切ると、フワッと繊細な食感を楽しめます。塩もみやマリネにする場合は、ある程度の太さや、角切りの方が存在感が出ます。

下味を付ける
【塩もみ】

マリネ前

マリネ後

せん切りにしたキャベツは塩もみするとカサが減り、食感が変わります。キャベツの重量の1%の塩をもみ込み10分ほどおいてから水気をしぼって使いましょう。
紫キャベツは葉の表面は紫ですが内側は白いため、せん切りの断面は白くなります。そのままでも使えますが、塩もみ後に、酢を少量もみ込むと全体が鮮やかに色付きます。

きゅうり

毎日の食卓のなかで主役になることが少ない存在ですが、サンドイッチにするときらりと光る個性が際立ちます。切り方、厚み、下味の付け方を変えるだけで、様々なバリエーションのサンドイッチを作ることができます。

【輪切り】

スライサーを使い輪切りにする。厚さによって食感が変わるので、使用場面に適した厚さにする。塩もみする場合はごく薄切りにする。

【斜めスライス】

サンドイッチでの利用シーンが多い。きゅうりの両端はカットサイズが小さくなるので、サンドイッチにする場合は、サイズを考慮して使用する。

【縦スライス】

ヘタを取り、半分の長さに切ったきゅうりをスライサーで縦方向にスライスする。ティーサンドイッチにおすすめで、上品で美しい断面に仕上がる。

【皮むき輪切り】

1 ヘタを取り、ピーラーで皮をむく。西洋料理ではきゅうりは皮をむいて使うことが多い。

2 スライサーで好みの厚さにスライスする。皮をむくと青臭さがやわらぎ、皮付きの輪切りと比べると繊細な味わいになる。

【スティック切り】

1 ヘタを取り、半分の長さに切る。

2 縦に8等分に切る。スティック野菜としてそのまま使っても、ピクルスにしても。

【角切り】

スティック状に切ったものをさらに同じ幅で切って角切りに。サラダやサンドイッチのトッピングに向く。

【斜め切り】

1 縦半分に切り、中心の種の部分を
スプーンでくり抜く。大きく育っ
た夏のきゅうりは種の部分が多い
ので、種を取るとカリッとした食
感が生かせる。

2 斜めに5〜8mm厚さに切る。き
ゅうりの食感を生かしたいサンド
イッチやサラダに向く。

下味を付ける
【塩もみ】

1 輪切りのきゅうりを計量し、重
量の2%の塩を全体にもみ込む。

2 15分ほどおき、水分をしっか
りしぼる。食感が変わり、軽い
塩味が付くことでサンドイッチ
にした時の存在感が増す。

【マリネ】

縦スライスのきゅうりを計量し、重
量の2%の塩、白こしょう少々、き
ゅうりの重量の15%の酢をかけて5
分ほどおいて味をなじませる。シン
プルなティーサンドイッチに使うと
上質な味わいになる。パンにはさむ
際は、ペーパータオルで押さえ余分
な水分を取る。塩は落ちるので、気
持ち多めにかけるのがポイント。酢
はシャンパンビネガーがおすすめ。

トマト

やわらかいので、よく切れる包丁を使うのがポイントです。種の周りのゼリー状の部分には旨味があるので取り除かずに使いましょう。湯むきすると舌触りがよく、上品な味わいになります。

【ヘタの取り方】

トマトと丸ごと使う場合は、ペティナイフまたはカービングナイフを使い、ヘタの周りに切り込みを入れてくり抜く。半月切り、くし形切りにする場合は、縦半分に切ってから、ヘタ部分にV字状の切り込みを入れて取る。

【輪切り】

ヘタを取り、横向きにして一定の幅で切る。薄くなって切りにくくなったら、断面を下にして横から切る。

【半月切り】

縦半分に切ってからヘタを取り、断面を下にしてヘタがあった方から一定の幅で切る。

【くし形切り】

縦半分に切ってからヘタを取り、縦に等分に切る。

【角切り】

輪切りまたは半月切りにしたトマトをさらにサイコロ状に切る。サラダやソースを作る時に使う。輪切りや半月切りにした時に、サンドイッチに使いにくい端部分の活用にもよい。

下味を付ける
【塩、こしょう】

1 ペーパータオルを敷いたバットに並べ、表面に軽く塩をふる。裏面も同様にする。

2 5分ほどおき、使う直前に両面をペーパータオルで押さえて余分な水分を取る。

3 こしょうをふると、さらに味が引き締まる。組み合わせる具材、ソースによって白こしょうと黒こしょうを使い分ける。繊細に仕上げたい時には白こしょうを、トマトの存在感を際立たせたい時には黒こしょうを使う。

セミドライトマトのオイル漬け

1 ミニトマトは縦半分に切り、断面を上にしてバットに並べ、軽く塩をふる。フードドライヤー（p.55参照）を使い、65℃で2時間ほど乾燥させる。オーブンの場合は120℃で1時間加熱する。

2 清潔な保存瓶に入れ、E.V.オリーブ油をミニトマトが完全に漬かるまで注ぎ入れ、冷蔵庫で保存する。にんにくやハーブ（タイムやバジル、ローズマリーなど）を加えて香りを付けてもよい。

ドライにする

くし形切りにしたトマトをフードドライヤーを使い、65℃で6〜10時間ほど乾燥させる。水分がしっかり取り除かれ、長期保存できる。完全に乾燥させたものは、たっぷりの水または湯で戻してから使う。市販品を使ってもよい。

トマトを湯むきする

1 ヘタをくり抜いてから洗い、ヘタの反対側の中央に十字に浅く切り目を入れる。

2 鍋に湯を沸かし、**1**を入れる。皮が軽くめくれてきたらすぐに取り出す。15秒ほどが目安。

3 氷水に浸けて急冷する。余熱でトマトに火が入るのを防ぐのと同時に、温度差で皮がむきやすくなる。

4 皮がめくれている箇所から手でむく。ペーパータオルを敷いたバットに取り、表面の水気を取ってから使う。

ミニトマトを湯むきする

ミニトマトはヘタの横から切り込みを入れ、切り落とさずに皮がつながっている状態で湯に入れる。小さく火が入りやすいので、湯からすぐに引き上げる。ヘタ部分を引っ張ると皮がつるんとむける。

にんじん

生のにんじんはパンとの相性がよく、サンドイッチの彩りや食感の
アクセントになります。せん切りにして下味を付けるとカサが減
り、パンにたっぷり合わせることができます。

【拍子木切り】

1 ピーラーを使って皮をむき、ヘタ
と先端を取る。

2 半分の長さに切る。

3 縦に3等分に切る。細いにんじん
の場合は半分に切る。

4 さらに3〜4等分に切る。ピクル
スにしたり、スティック野菜とし
てそのままでも食べられる。

【スライサーでせん切り】

せん切り用のスライサーまたは4面チー
ズおろし器(p.54参照)の粗い面を使
ってせん切りにする。包丁で切ると断
面がシャープで、シャキシャキの食感
が生かせるが、味がしみ込みにくい。
スライサーを使うと味がしみ込みやす
く、しんなりと仕上がる。

【電動ベジタブルスライサーで せん切り】

にんじんのせん切りを大量に作る場合
は、電動のベジタブルスライサー(p.54
参照)があると便利。ストレスなくせ
ん切りがスピーディーに作れる。

【ピーラーで薄切り】

ピーラーを使い、皮むきの要領で中身
も薄切りにする。にんじんは回転させ
ながら薄切りすると同じ幅に切れる。

下味を付ける

【塩もみ】

せん切りにしたにんじんの重量の1%の塩をもみ込んで下味を付ける。にんじん臭さがやわらぎ、このままでもおいしくいただける。カサも減り、パンにはさみやすくなる。好みで、白こしょう少々を加えてもよい。

【マヨ和え】

塩もみをして、白こしょう少々を加えたにんじんに、さらにマヨネーズを混ぜ合わせる。マヨネーズの分量はにんじんの重量の20%が目安。キャロットラペ(p.35参照)とは異なるシンプルな味わいで、サンドイッチに広く活用できる。塩もみの代わりに使うと、ほかの食材とより調和します。

にんじんと大根の甘酢漬け

1 にんじんは皮をむき、5cm長さに切る。スライサーを使って2mmの薄切りにする。

2 1cm幅に切る。

3 大根は5cm長さに切り、厚めに皮をむく。

4 スライサーを使って3mmの薄切りにする。大根は塩もみするとかなりカサが減るので、にんじんと合わせる場合は、にんじんより少し厚めにすると食感のバランスがよい。

5 1cm幅に切る。

6 にんじんと大根を合わせた重量の2%の塩をもみ込む。大根はにんじんに対して、2〜3倍量を合わせるとバランスがよい。

7 15分ほどおき、ザルに上げて水気を切り、軽くしぼる。

8 甘酢と合わせる。甘酢の分量は、にんじんと大根を合わせてしぼったもの200gに対して、米酢15mℓ、水15mℓ、きび砂糖30gを混ぜ合わせたものが目安。バインミーなどエスニックな組み合わせのサンドイッチに向く。

たまねぎ

サンドイッチのなかでは、香りや食感のアクセントとして活用場面の多い野菜です。新たまねぎや紫たまねぎは辛みが少なく生食に向きます。辛みが強い場合は、水または酢水にさらしてから使います。

【みじん切り】

1 ペティナイフを使って、頭の部分を切り落とし、茶色い皮を引っ張りながらむく。根は切り落とす。

2 洗ってから、縦半分に切る。

3 断面を下にして根元を切り落とさないように、縦に薄く切り込みを入れる。さらに横から3〜4カ所切り込みを入れる。

4 頭の方から根元に向かって細かく刻む。

【スライサーで薄切り（繊維を断ち切る）】

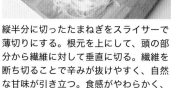

縦半分に切ったたまねぎをスライサーで薄切りにする。根元を上にして、頭の部分から繊維に対して垂直に切る。繊維を断ち切ることで辛みが抜けやすく、自然な甘味が引き立つ。食感がやわらかく、生食でも食べやすい。

【包丁で薄切り（繊維に沿って切る）】

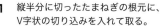

1 縦半分に切ったたまねぎの根元に、V字状の切り込みを入れて取る。

2 断面を下にして繊維に沿って切る。繊維に沿って切ると、シャキシャキした食感が引き立つ。生食の場合は、辛みの少ない新たまねぎや紫たまねぎが向く。加熱する場合も食感を生かしたい時によい。

セロリ

生のセロリのシャキシャキした食感とさわやかな香りは、サンドイッチのアクセントになります。せん切りや薄切りにすれば特有の香りやクセは気になりにくいので、まずは少量から組み合わせてみてもよいでしょう。

【薄切り】

1 葉と茎に分ける。葉は炒め物や煮込み料理の香り付けに使える。

2 根元を切り落とし、ピーラーを使ってかたい筋を取る。

3 好みの厚さに切る。アクセントに使う時は薄切りに、食感を楽しみたい時は3〜5mm幅に切る。

【スライサーで薄切り】

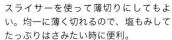

スライサーを使って薄切りにしてもよい。均一に薄く切れるので、塩もみしてたっぷりはさみたい時に便利。

【みじん切り】

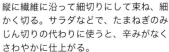

縦に繊維に沿って細切りにして束ね、細かく切る。サラダなどで、たまねぎのみじん切りの代わりに使うと、辛みがなくさわやかに仕上がる。

下味を付ける
【塩もみ】

1 薄切りにしたセロリの重量の1%の塩をもみ込む。塩味が付くと、クセがやわらぎそのままのものよりも食べやすくなる。

2 5分ほどおいてから、軽く水気をしぼる。好みで白こしょう少々をふってもよい。

パプリカ

鮮やかな色合いはサンドイッチに彩りを添える貴重な存在です。内側の白いワタをしっかり取ると、口当たりがよくなります。

形を揃えて　　　あられ切り　　　形を生かして
細切り　　　　　　　　　　　　　　細切り

【形を揃えて細切り・あられ切り】

1 上下を切り落とす。

2 種を取り出す。手で取りにくい時は、ナイフを入れてもよい。

3 縦に切る。

4 内側の白いワタを削ぎ落とす。

5 縦に一定の幅で切る。上下を切り落とすと短くなるが、均等の大きさにすることができる。上品に仕上げたいサンドイッチや、ピクルスに向く。

6 上下の切り落とした部分は、5mm角のあられ切りにする。ソースやトッピングに使う。

下味を付ける
【塩もみ】

細切りにしたパプリカを塩もみすると、パプリカの甘味や酸味が引き立つ。塩の分量はパプリカの重量の1%が目安。軽く水気をしぼってから使う。カサが減ってサンドイッチにたっぷりはさめるので、パプリカが主役のサンドイッチによい。

【形を生かして細切り】

1 縦半分に切り、種を取る。さらに半分に切ってから、内側の白いワタを削ぎ落とす。

2 縦に一定の幅で切る。パプリカの自然な形のままなので、上下にカーブができ幅が均等にならない部分も出てくるが、サンドイッチに使う際には無駄がなく使いやすい。

ピーマン

サンドイッチに使う際は、縦半分に切り種を取ってから、縦に細切りにする。パプリカと比べると実が薄く小ぶりなので、無駄のないよう形を生かした切り方がよい。

ズッキーニ

生のズッキーニはコリコリした歯応えで、ほかにはない食感が特徴です。水分が出にくくサンドイッチに使いやすい野菜です。

1 上下を切り落とす。

2 スライサーを使って輪切りにする。

【専用カッターでヌードル状に切る】

ベジタブルヌードルカッター（p.54参照）を使えば、細長いヌードル状に切ることができるが、海外ではズッキーニのヌードルの人気が高く「ズードル」と呼ばれている。

ゴーヤー

鮮やかな緑が美しく、特有の苦味とシャキシャキした食感がサンドイッチのなかで際立ちます。薄めに切るとしんなりと食べやすく、厚めに切ると食感が生かせます。

1 縦半分に切り、スプーンを使って種とワタを取る。ワタはビタミンCが豊富で、苦味も少ないので完全に取る必要はない。

2 両端を切り落とし、一定の幅で薄切りにする。

下味を付ける
【塩もみ】

ゴーヤーは塩もみするだけでも苦味がやわらぎ食べやすくなる。塩の分量はゴーヤーの重量の2％が目安。粗く挽いた黒こしょうを加えると味が締まる。かつおぶしを合わせると旨味がプラスされ、余分な水分を吸い取りパンに合わせやすくなる。

カリフラワー

ゆでるとほっくりしますが、生食だとシャキシャキした食感が生かせて、サンドイッチに向きます。かたいので薄切りにしましょう。

1 カリフラワーは小房に分けてから洗って水気を取る。

2 縦に薄切りにする。

下味を付ける
【マリネ】

スライスしたカリフラワーは計量し、重量の1％の塩、白こしょう少々をふってから、カリフラワーの重量の15％の白ワインビネガーをふりかける。軽く下味が付くだけで風味が引き立ち、サンドイッチのなかでの存在感が増す。

マッシュルーム

欧米では生のまま薄切りにしてサラダにすることも多く、ソフトな食感と穏やかな味わいがパンによく合います。色が変わりやすいので新鮮なものを使いましょう。

1 石づきを薄く切り落とし、ペーパータオルで表面の汚れをやさしく拭き取る。軸の汚れが気になる時はかさと軸の間にペティナイフを当てて軽く引っ張って皮をむく。皮をむくと口当たりがよく、味がしみ込みやすくなる。

2 縦に一定の幅で切る。スライサーを使って薄切りにしてもよい。

下味を付ける 【マリネ】

スライスしたマッシュルームは塩、白こしょう、レモン果汁各少々を全体にふりかけて下味を付ける。マッシュルーム特有の香りと淡白な味わいが、レモンの香りで引き立つ。

根セロリ

生食ではシャキシャキとしたセロリのような香りがありますが、加熱するとほっくりと、いものような食感になります。せん切りでサラダやサンドイッチに。

1 ゴツゴツした皮は厚めにむく。皮は香りがあるので、スープや煮込み料理の風味付けに使える。

2 スライサーで薄切りにする。かたいので手元に注意する。

3 せん切りにする。細く切ると生で食べやすく、シャキシャキした食感が楽しめる。

長ねぎ

サンドイッチのメインに使うことはありませんが、白髪ねぎは和風サンドイッチのアクセントになります。

1 青い部分は取り、白い部分を5cm長さに切る。

2 縦に切り目を入れ、中の芯を取る。芯は刻んでスープや炒め物に使う。

3 周りの白い部分を重ねて、縦に繊維に沿って細く切る。冷水にさらしてシャキッとさせ、水切りして使う。

ハーブ類

サンドイッチのアクセントにしたり、ソースの風味付けにしたり、ハーブを使い分けるとサンドイッチの味わいが変わります。生食の場合、基本的には葉の部分だけを使います。

イタリアンパセリ

1 茎を持ち、葉をやさしくつまんで軽く引っ張るようにして茎から外す。イタリアンパセリの茎はブーケガルニのひとつとして、スープや煮込み料理の風味付けに使える。

2 葉をせん切りにする。やわらかくてつぶれやすいので、よく切れる包丁を使う。トッピングにする場合はこのまま使ってもよい。

3 向きを90°回転させ、さらに細かく刻む。ソースにはみじん切りが向く。

ディル

葉が細く繊細なので、つぶさないように葉元をやさしくつまんで茎から外す。使用場面に合わせて、さらに細かくちぎる。

ミント

葉をやさしくつまんで軽く引っ張るようにして1枚ずつ茎から外す。トッピングにする場合は、先端の4枚分をそのまま使う。

ハーブ類の保存方法

ハーブは繊細で乾燥しやすい。しんなりしている場合は、冷水に浸けてシャキッとさせてから水気を取って使う。保存の際は、軽く水分を含ませたペーパータオルに包んでから保存容器に入れて冷蔵庫へ。

バジル

葉をやさしくつまんで軽く引っ張るようにして1枚ずつ茎から外す。葉のサイズが様々なので、使用場面に合わせて切る、またはちぎって使う。

コリアンダー

茎も生食できるので、葉と一緒に細かく刻むとよい。根は煮込み料理や炒め物など加熱調理に向く。

生野菜の マリネ

生野菜は酢や塩で漬け込むことで、素材の味わいを引き出しながら保存性を高めることができます。酢を使うピクルスは調味料を合わせるだけで作れるので手軽です。野菜と塩で作る乳酸発酵タイプのピクルスは完成まで時間がかかりますが、独特の芳香と酸味が心地よくパンとの相性も格別です。

はちみつピクルス

ピクルス液にはちみつをたっぷり加え、酸っぱすぎずマイルドな味わいにした基本のピクルスは、パンのお供にも、サンドイッチの具材としても広く活用できます。

材料（作りやすい分量）
お好みの生野菜※ …… 450g
ピクルス液
┃ 白ワインビネガー（米酢、りんご酢
┃ などお好みの酢でも可） … 200㎖
┃ はちみつ …… 60g
┃ ピンクペッパー（粒）…… 10粒
┃ ローリエ …… 1枚
┃ 塩 …… 10g
┃ 白こしょう（粒）…… 10粒

※ここでは、きゅうり150g、にんじん150g、パプリカ（赤、黄）150gを使用。

1 ピクルス液を作る。はちみつ以外の材料と水200㎖を鍋に入れて沸騰させ、弱火で5分煮る。火を止めてからはちみつを加えて混ぜ、粗熱を取る。

2 お好みの生野菜はスティック状に切り、保存容器に入れ、1を注ぎ入れる。冷蔵庫で一晩以上おき、味をなじませる。

きゅうりとパプリカと紫たまねぎの即席ピクルス

水を加えず濃いめに仕上げたピクルス液を使い、野菜の水分を引き出しながらマリネします。短時間でも味がなじみやすく、サンドイッチ用に気軽に作れます。

材料（作りやすい分量）
お好みの生野菜※ …… 300g
ピクルス液
┃ 白ワインビネガー（米酢、りんご酢
┃ などお好みの酢で可）……150㎖
┃ きび砂糖 ……10g
┃ 塩 ……10g
┃ 白こしょう ……少々

※ここでは、きゅうり120g、パプリカ（赤、黄）120g、紫たまねぎ60gを使用。

1 ピクルス液を作る。全ての材料を鍋に入れて中火にかけ、塩を溶かし混ぜる。沸騰したら火を止める。

2 お好みの生野菜はスティック状に切る、またはスライスし、保存容器に入れ、1を注ぎ入れる。落としラップをして冷蔵庫で30分から半日ほどおき、味をなじませる。

ザワークラウト

ドイツ語で"酸っぱいキャベツ"という意味の乳酸発酵させたキャベツの保存食およびそれを使った料理で、ドイツと隣接するフランス・アルザス地方にも「シュークルート」という同様の料理があります。瓶詰や缶詰の輸入品と比べると、手作りのものは塩味や酸味が穏やかで、サラダ感覚でいただけます。ジッパー付きの保存袋を使うと漬け込みやすく、手軽です。

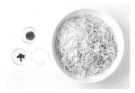   

材料(作りやすい分量)
キャベツ …… 1玉
塩 …… キャベツの重量の2.5%
キャラウェイシード
…… 小さじ1/3
ジュニパーベリー
…… 小さじ1/3

1 キャベツは外葉をはがしてせん切りにする。洗ってからサラダスピナーで水切りし、ジッパー付きの保存袋に入れる。

2 保存袋に、塩、キャラウェイシード、ジュニパーベリーを加えて、全体をしっかりもみ込む。キャベツの水分が出て全体がしっとりなじむまで常温で15分ほどおく。

3 空気を抜き、密閉する。気温の高い季節は、このまま常温で発酵させてもよい。

↓

気温が低い時期は…

4 完成に近づくとキャベツが発酵して気泡が出てきて、酸味の感じられる発酵の香りがする。キャベツの色は緑から白っぽく変化する。味を見て心地よい酸味が感じられたら冷蔵庫で保存する。

冬場は発酵が進みにくいので、ヨーグルトメーカーを使って温度管理をしてもよい。ヨーグルトメーカー付属の瓶に**2**を入れる。**1**ではがした外葉を洗い、折りたたんで入れる。

ヨーグルトメーカーは25℃に設定し、蓋をした瓶を入れて72時間保温する。保温中もキャベツが水分から出ないように押し込む。

キャロットラペ

シンプルなにんじんサラダはフランスの定番のお惣菜です。ラペrâperとは硬質チーズやかたい生野菜、レモンの皮などをおろし器で粉末にしたり、小さく切ることで、このサラダは鋭利な包丁で切るよりもおろし器を使う方が味なじみがよく、しんなりとやわらかい食感で食べやすく仕上がります。

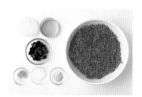   

材料(作りやすい分量)
にんじん(せん切り・p.26参照)
…… 300g
レーズン …… 30g
レモン果汁 …… 大さじ2
ディジョンマスタード …… 小さじ1
塩 …… 4g
白こしょう …… 少々
E.V.オリーブ油 …… 大さじ2

1 にんじんはボウルに入れ、塩を加えて全体になじませる。

2 レモン果汁、ディジョンマスタード、白こしょう、E.V.オリーブ油を別のボウルに入れ、泡立て器で全体をよく混ぜ合わせて乳化させる。

3 **1**に**2**とレーズンを加えて全体を混ぜ合わせる。冷蔵庫で30分以上おいて味をなじませる。すぐに食べられるが、半日以上おくと酸味と甘味のバランスが整う。

カリフラワーのカレーピクルス

淡白なカリフラワーは漬け込んでも食感がよく、ピクルス向きの野菜です。カレーが香る甘酸っぱいピクルス液がカリフラワーの個性を引き立てます。

材料(1ℓの保存瓶1個分)
カリフラワー …… 1個
ピクルス液
　白ワインビネガー …… 300㎖
　きび砂糖 …… 40g
　カレー粉 …… 小さじ1
　にんにく …… 3g
　ローリエ …… 1枚
　赤唐辛子(種を取る) …… 1/2本
　塩 …… 6g

1 カリフラワーは小房に分け、洗ってからよく水気を取り、清潔な保存瓶に入れる。ピクルス液の全ての材料と水150㎖を鍋に入れて中火にかけ、沸騰したら弱火にして5分煮る。熱いうちに保存瓶に注ぎ入れる。

2 粗熱が取れたら蓋をして、冷蔵庫で保存する。2日ほどで味がなじむ。

きゅうりのディルピクルス

酢を使わず塩水に漬け込んで乳酸発酵させたピクルスで、ディルの香りとさわやかな酸味のバランスが絶妙です。カリフラワーでも同様に作ることができます。

材料(作りやすい分量)
きゅうり(ここではガーキン
[p.14参照]を使用) …… 350g
ディル …… 2〜3枝
にんにく(皮をむき芯を取る) …… 1/2片
ローリエ …… 1枚
赤唐辛子(種を取る) …… 1/2本
マスタードシード …… 小さじ1/3
塩 …… 30g
白こしょう(粒) …… 小さじ1/3

1 きゅうりとディルは洗って水気を取り、清潔な保存瓶に入れる。にんにく、ローリエ、赤唐辛子、マスタードシード、塩、白こしょうと水600㎖を鍋に入れて中火にかけ、沸騰したら火を止める。粗熱が取れたら保存瓶に注ぎ入れる。きゅうりは塩水に漬かっている状態にする。

2 常温で3日から1週間ほどおく。発酵が進むと気泡が出てくるので蓋は毎日開ける。塩水が白濁したら味を見て、心地よい酸味が感じられたら冷蔵庫で保存する。酸味が足りない場合はさらに常温でおく。寒い季節には、ヨーグルトメーカーを使って保温してもよい。

オリーブマリネ

ピクルスと合わせて常備すると便利なオリーブマリネ。瓶詰や缶詰のオリーブも、ひと手間かけることでサンドイッチに合う特別な一品になります。

材料(作りやすい分量)
ミックスオリーブ(グリーン、ブラック
お好みで合わせる) …… 250g
お好みのハーブ(イタリアンパセリ、
タイムなど) …… 2枝
にんにく(すりおろす) …… 1/4片
白ワインビネガー …… 大さじ1
塩 …… 小さじ1/3
白こしょう …… 少々
E.V.オリーブ油 …… 大さじ2

ボウルに白ワインビネガー、塩、白こしょうを入れ、泡立て器ですり混ぜる。ミックスオリーブ、みじん切りにしたハーブ、にんにくを加えて軽く混ぜてからE.V.オリーブ油を加える。すぐに食べられるが冷蔵庫で半日以上おくと味がなじむ。

市販のマリネ

きゅうりのピクルスやザワークラウトは市販品が手に入りやすく、少量だけ必要な時には手軽で便利です。酸味や食感がメーカーごとに異なるので、好みの味わいのものを見つけましょう。

コルニッション

コルニッションとはフランスで小型のきゅうりのことで、そのピクルスもコルニッションと呼びます。フランス産のものは、キリッとした酸味とカリカリした食感が特徴です。上質なハムが主役のバゲットサンド"ジャンボン・ブール"に添えるならコルニッションを。肉料理にもよく合います。

ディルピクルス

ディルを加えたガーキンのピクルスはディルピクルスと呼ばれ、ハンバーガーやホットドッグには欠かせません。コルニッションよりは大振りで食感はやわらかめで酸味も穏やか。ディルのさわやかな香りが特徴です。

きゅうりの浅漬け

日本のピクルスであるきゅうりの浅漬けは水分が多く、ハード系のパンには向きませんが、ソフトな食パンやロールパンにはよく合います。もろみ味噌やねり梅、青じそと合わせるとバランスがよく、新感覚の和風サンドイッチになります。

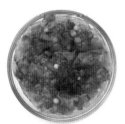

スイートレリッシュ

北米で広く親しまれているみじん切りにしたきゅうりのピクルスで、ホットドッグやハンバーガーに合わせたり、タルタルソースに使います。サンドイッチの隠し味に、ソース代わりにこのまま使ってもよいでしょう。

青唐辛子の酢漬け

スペイン・バスク地方のピンチョスに欠かせない一品で、マイルドな辛みと酸味が特徴です。オリーブとアンチョビと合わせるのが定番です。辛すぎないのでこのままパンに合わせたり、刻んでソースにしたり、味付けのアクセントとして使えます。

オリーブの塩漬け

オリーブは果実で野菜ではありませんが、本書では生野菜を引き立てる素材として使います。瓶詰や缶詰のオリーブは塩水漬けにしたものです。種抜きのものは刻んでサンドイッチに合わせたり、ソースにして。種ありのものは、サラダやマリネに活用できます。

ザワークラウト

キャベツのせん切りを塩漬けにして発酵させたドイツの保存食で、フランス・アルザス地方のシュークルートも同じもので、瓶詰や缶詰の輸入品が一般的です。塩分や酸味が強すぎる時は、水にさらして塩抜きをしたり無塩バターで軽く炒めて使います。

紫キャベツの酢漬け

鮮やかな色が印象的な紫キャベツの酢漬けは、甘酸っぱくさっぱりとした味わいです。サンドイッチの彩りのアクセントに、少量使いたい時に便利です。ザワークラウトの酸味が苦手な方にも食べやすく、ホットドッグにもおすすめです。

黒トリュフのオイル漬け

スライスした黒トリュフをオイルに漬け込んだもので、少量でもトリュフの豊かな香りを堪能できます。刻んでバターと合わせたトリュフバターは極上の味わいです。高価ですが、一度食べるとその価値が実感できます。

生野菜に合う基本の **ソース**

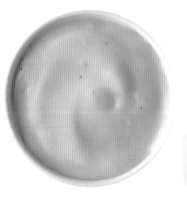

マヨネーズ

サンドイッチ作りで最も使用頻度の高いソースはマヨネーズです。材料は卵と酢、油、そして塩、こしょう。手軽に使える市販品が一般的ですが、シンプルだからこそ、素材にこだわった手作りのおいしさは格別です。卵黄だけで作ると、コクのあるリッチな味わいに仕上がります。自分で作ると好みの味が明確になり、市販品もうまく使いこなせるようになります。酢や油の種類を替えたり、マスタードを加えたり、プレーンなマヨネーズをベースに、ハーブ、スパイスなどを組み合わせてアレンジしてもよいでしょう。

材料(作りやすい分量)
卵黄※ …… 1個
白ワインビネガー
(赤ワインビネガー、米酢、りんご酢など好みの酢でも可) … 大さじ1
塩 …… 小さじ1/2
白こしょう …… 少々
太白ごま油(サラダ油でも可) …… 180㎖

※卵黄を全卵1個に替えて作ることもできます。卵白が入る分、あっさりとした仕上がりです。

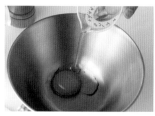

1 卵黄は室温に戻す。ボウルに卵黄と白ワインビネガーを入れて、泡立て器でかき混ぜる。
＊卵黄が冷えていると乳化しにくく失敗の原因になる。

2 塩、白こしょうを加えて塩が溶けるようによく混ぜ合わせる。

3 太白ごま油を糸状に垂らしながら、混ぜ合わせる。この時、ボウルの底がすっぽり入るサイズの鍋に濡れ布巾をのせ、その上のボウルを置いて固定するとよい。

4 途中、太白ごま油を加えるのを止め、もったりと油がなじむまで攪拌する。泡立てるのではなく、ボウルの底面に泡立て器を密着させながら混ぜ合わせる。油を入れる都度、しっかりと乳化させる。

5 徐々にとろみが付き、重くなってくる。やわらかく仕上げたい場合は油は少なめに、かたく仕上げたい場合は多めに加える。味を見て足りなければ塩、白こしょうを足す。

ハンドブレンダーで作る

材料を一度に入れて作ることができます。卵黄1個だと乳化しにくい場合があるので、全卵で作りましょう。

作り方 広口瓶またはハンドブレンダーに付属している容器に全ての材料を入れる。ハンドブレンダーは底に密着させた状態でスイッチを入れる。乳化してもったりとしてきたら、ハンドブレンダーを上下に動かして全体を混ぜ合わせる。

豆乳マヨソース

卵アレルギーのある方、ヴィーガンの方だけでなく、マヨネーズ好きの方にも試していただきたい"卵不使用のマヨネーズ風ソース"です。あっさりとしてクセがなく、生野菜のおいしさを引き立て、マヨネーズと同様に使えます。ハンドブレンダーを使えば、あっという間に乳化してマヨネーズ状に仕上がります。

材料(作りやすい分量)
豆乳(成分無調整) …… 50㎖
米酢(白ワインビネガー、りんご酢など好みの酢でも可) …… 大さじ1
塩 …… 小さじ1/3
白こしょう …… 少々
太白ごま油(サラダ油でも可) … 100㎖

1 広口瓶またはハンドブレンダーに付属している容器に太白ごま油以外の材料を入れ、ハンドブレンダーのスイッチを入れて塩が酢に溶けるまで混ぜ合わせる。

2 太白ごま油を加え、ハンドブレンダーは底に密着させた状態でスイッチを入れる。乳化してもったりとしてきたら、ハンドブレンダーを上下に動かして全体を混ぜ合わせる。

練乳マヨソース

マヨネーズに練乳のミルキーな甘味を合わせることで、酸味がやわらぎマイルドな味わいになります。サラダでいただくには、甘味が強く感じるのですが生野菜のサンドイッチに合わせると、パンの風味を引き立ててバランスよくまとまります。お好みで練乳をはちみつに替えることもできますが、質感が変わり少しゆるくなります。

材料(作りやすい分量)
マヨネーズ …… 50g
練乳 …… 10g

作り方
全ての材料を合わせ、よく混ぜる。

ハーブマヨソース

マヨネーズとサワークリームの組み合わせは、軽やかな酸味と乳風味が印象的です。たっぷりのフレッシュハーブを加えてさわやかに仕上げます。プレーンなマヨネーズを使う場面でハーブマヨソースに替えると、素材のフレッシュ感が引き立ちます。

材料(作りやすい分量)
マヨネーズ …… 50g
サワークリーム …… 40g
ハーブ(ディル、チャービル、イタリアンパセリなどを合わせる・みじん切り) …… 3g
塩、白こしょう …… 各少々

作り方
全ての材料を合わせ、よく混ぜる。

バジルソース

ハーブのなかでも人気の高いバジルは、ソースにするとサンドイッチ
に使いやすく、さわやかな香りのアクセントを添えます。一味足りな
い時に、ごく少量パンに塗るだけで、印象が変わります。バジルがた
くさん手に入った時にまとめて作り、小分けして冷凍するとよいでし
ょう。

材料(作りやすい分量)
バジルの葉 …… 30g
にんにく(皮をむき芯を取る) …… 2g
塩 …… 小さじ1/4
E.V.オリーブ油 …… 80㎖

1 ブレンダーのコンテナに全ての
材料を入れ、スイッチを入れて
攪拌する。ここではブレンダー
を使用しているが、量が少ない
場合はハンドブレンダーを使っ
てもよい。

2 途中、ゴムベラで飛び散ったも
のをまとめながら、全体がなめ
らかになるまで混ぜ合わせる。

タプナード

黒オリーブ、アンチョビ、ケッパーで作るフランス・プロヴァンス地
方のペーストで、サラダやゆで卵によく合います。素材そのものの味
わいや塩味が強いので、サンドイッチには少量をアクセントに使いま
す。あっさりしがちな生野菜のサンドイッチも、タプナードを加える
ことで奥行きのある味わいに仕上がります。

材料(作りやすい分量)
黒オリーブ(種抜き) …… 80g
アンチョビ…… 20g
ケッパー……15g
にんにく(皮をむき芯を取る) …… 3g
E.V.オリーブ油…… 50㎖

1 広口瓶またはハンドブレンダー
に付属している容器にE.V.オリ
ーブ油以外の材料を入れ、ハン
ドブレンダーのスイッチを入れ
て全体がなめらかになるまで混
ぜ合わせる。

2 E.V.オリーブ油を加え、ハンド
ブレンダーは底に密着させた状
態でスイッチを入れる。乳化し
てもったりとしてきたら、ハン
ドブレンダーを上下に動かして
全体を混ぜ合わせる。

オニオンドレッシング

生野菜のサラダに合わせるなら、酢、油、塩、こしょうで作るシンプルなヴィネグレットソースが基本ですが、サンドイッチに活用するにはある程度のとろみが必要です。本書では基本のドレッシングとして、たまねぎを加えて野菜の香りととろみを付けたものを使用しています。これをさらにマヨネーズと合わせると、サンドイッチに使いやすい粘度になります。

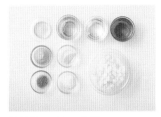

材料(作りやすい分量)
たまねぎ(粗みじん切り) …… 200g
にんにく(皮をむき芯を取る) …… 3g
ディジョンマスタード …… 15g
白ワインビネガー …… 150㎖
はちみつ …… 20g
塩 …… 10g
白こしょう …… 0.5g
太白ごま油(サラダ油でも可) …… 140㎖
E.V.オリーブ油 …… 100㎖

1 広口瓶またはハンドブレンダーに付属している容器に太白ごま油とE.V.オリーブ油以外の材料を入れ、ハンドブレンダーのスイッチを入れて、たまねぎがピュレ状になるまで混ぜ合わせる。

2 太白ごま油とE.V.オリーブ油を加え、ハンドブレンダーは底に密着させた状態でスイッチを入れる。乳化してもったりとしてきたら、ハンドブレンダーを上下に動かして全体を混ぜ合わせる。

ケッカソース

フレッシュなトマトとバジルで作るイタリアの冷製トマトソース。トマトはひと手間かけて湯むきすることでトマトの甘味が引き立ち、舌触りもよくなります。フルーツトマトがおすすめですが、普通のトマトやミニトマトで作っても。酸味を強く感じる場合は、はちみつを足して甘味を感じられる程度に調節しましょう。

材料(作りやすい分量)
フルーツトマト …… 200g
バジル …… 5g
にんにく(すりおろす) …… 3g
はちみつ …… 小さじ1
塩 …… 少々
白こしょう …… 少々
E.V.オリーブ油 …… 大さじ2

1 フルーツトマトはヘタを取り湯むき(p.25参照)してから10mm角に切る。

2 みじん切りにしたバジル、1、にんにく、はちみつ、塩、白こしょうをボウルに入れ、よく混ぜ合わせる。最後にE.V.オリーブ油を合わせる。冷蔵庫でよく冷やして食べる。

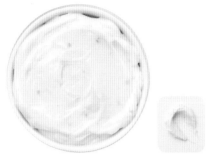

レモンバター

バターに様々な食材を合わせたものをブール・コンポゼ(beurre composé)といい、フランス料理では肉料理や魚料理に添えたり、ソースの仕上げに用いたり、カナッペなどに使います。生野菜のサンドイッチに万能なのがレモンバターです。レモンの皮と果汁のさわやかな香りで、サンドイッチの印象が変わります。

材料(作りやすい分量)
無塩バター …… 80g
レモンの皮(すりおろす)
…… 1/2個分
レモン果汁 …… 小さじ1
塩 …… 少々
白こしょう …… 少々

作り方 全ての材料を合わせ、よく混ぜる。

トリュフバター

決して万能とはいえませんが、このバターとパンだけでワインがすすむ、スペシャルな合わせバター。トリュフのオイル漬けをたっぷり加えて、香り高く仕上げました。バターはフランス産の有塩発酵バターを使うのがポイントです。しっかりとした塩気とコクで、トリュフの香りに負けません。

材料(作りやすい分量)
有塩発酵バター
(できればフランス産) …… 50g
黒トリュフのオイル漬け
(オイルを切ってみじん切り) ……10g

作り方
全ての材料を合わせ、よく混ぜる。

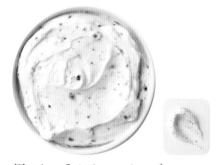

黒こしょうクリームチーズ

黒こしょうは計量してみるとかなりの量がありますが、あえてたっぷりと合わせるのがポイントです。クリームチーズのコクに香りと辛みが合わさることで、サンドイッチのなかでの存在感が増します。軽く塩味を付けて、味のバランスを調節しましょう。

材料(作りやすい分量)
クリームチーズ …… 100g
黒こしょう(粗挽き) …… 5g
塩 …… 少々

作り方
全ての材料を合わせ、よく混ぜる。

リコッタクリーム

リコッタはイタリアのフレッシュチーズで、チーズ製造時に出たホエイ(乳清)を再加熱して固めたもの。低脂肪でさっぱりとしたなかにミルクの甘味が感じられます。はちみつと塩を合わせることで味がグッと締まり、黒こしょうでアクセントを付けると大人味のクリームに。トマトやパプリカによく合います。

材料(作りやすい分量)
リコッタ …… 100g
はちみつ …… 16g
塩 …… ひとつまみ
黒こしょう(粗挽き) …… 少々

作り方
全ての材料を合わせ、よく混ぜる。

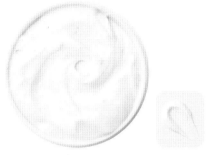

ホースラディッシュサワークリーム

サワークリームやクリームチーズは同じ乳製品で見た目は似て
いますが、それぞれ味わいに特徴があります。パンにひと塗り
するだけでも印象が大きく変わるので、個性を生かして活用し
ましょう。サワークリームの酸味は、塩、こしょうで味を整え
るだけでバランスよくまとまります。

材料(作りやすい分量)

サワークリーム …… 50g
ホースラディッシュ(すりおろす・
市販のチューブタイプでも可)
…… 5g
レモン果汁 …… 小さじ1
塩 …… 少々
白こしょう …… 少々

作り方

全ての材料を合わせ、よく混ぜる。

セルヴェル・ド・カニュ

フランス語で「絹織物職人の脳」という意味の、フランス・リヨ
ンの名物チーズ料理でパンに塗っていただきます。本来はフロ
マージュ・ブランを使用しますが、水切りヨーグルトで代用す
ると手軽に作れます。紫たまねぎは、エシャロットを使うとよ
り本格的です。

材料(作りやすい分量)

プレーンヨーグルト(水切りして
半量になったもの) …… 50g
紫たまねぎ(みじん切り) …… 10g
ハーブ(ディル、チャービル、
イタリアンパセリなどを合わせる・
みじん切り) …… 10g
にんにく(すりおろす) …… 2g
塩 …… 少々
白こしょう …… 少々

作り方

全ての材料を合わせ、よく混ぜる。

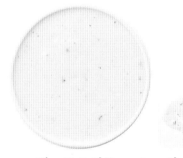

シーザーサラダドレッシング

マヨネーズとプレーンヨーグルトをベースに、パルメザンチー
ズとアンチョビを合わせたドレッシングは、葉物野菜によく合
います。サンドイッチに使いやすいように、一般的なドレッシ
ングよりもったりと仕上げます。本書では組み合わせの都合上
にんにくを入れていませんが、お好みでにんにくを少々加えても。

材料(作りやすい分量)

マヨネーズ …… 50g
プレーンヨーグルト(水切りして
半量になったもの) …… 50g
パルメザンチーズ(パウダー)…20g
アンチョビ …… 10g
レモン果汁 …… 大さじ1/2
塩 …… 小さじ1/8
黒こしょう(粗挽き) …… 小さじ1/2
E.V.オリーブ油 …… 大さじ1

作り方 全ての材料を合わせ、よく混ぜる。

ロシアンドレッシング

ルーベンサンドイッチに欠かせないソースで、ロシアではなく
アメリカ生まれのドレッシングです。マヨネーズとケチャップ
がベースのなじみのある味わいで、サラダやサンドイッチのソ
ースとして広く活用できます。

材料(作りやすい分量)

マヨネーズ …… 30g
ケチャップ …… 30g
プレーンヨーグルト …… 20g
サワークリーム …… 10g
ホースラディッシュ(すりおろす)
……3g

作り方

全ての材料を合わせ、よく混ぜる。

生野菜に合う
スパイスとドライハーブと調味料

スパイスやハーブ、市販の調味料は、主軸となる味付けだけでなく、下味や隠し味、仕上げのアクセントにもなり、組み合わせて使い分けると味わいに奥行きが出ます。こしょうひとつでも、白か黒か、細挽きか粗挽きか、また同じ粗挽きのなかでも挽き具合で香りの印象が変わります。マスタードもそれぞれに味の個性があるので、まずは1種類ずつ味わってから組み合わせてみましょう。

細挽き

白こしょう
細挽きにして料理の下味に使うとよい。白いので料理の色や見た目を損なわずに辛みと香りを付けることができる。黒こしょうと使い分けたい。

粗挽き

黒こしょう
白こしょうは実を完熟させて皮を取り除いたものであるのに対し、黒こしょうは完熟前の実。野性的な辛みと香りがあり、粗挽きをアクセントに使う。

ピンクペッパー
一般的にはコショウボクの実を乾燥させたもので、こしょうではない。ほのかな甘味と清涼感のある香りが印象的。香りと彩りのアクセントに使う。

カイエンペッパー
乾燥させた赤唐辛子を粉末にしたもので、辛みが強い。カイエンヌペッパー、チリペッパーともいう。味付けのアクセントに使いやすいが使用量に注意する。

エスプレット唐辛子
フランス・バスク地方特産の唐辛子。甘味と辛みのバランスがよく、豊かな風味がある。サンドイッチや料理の仕上げのアクセントに使いたい。

パプリカパウダー
鮮やかな赤色で、ほのかな甘味が感じられる香りがある。唐辛子の仲間だが、辛みはなく風味付けや彩りに使うとよい。

マスタードシード
洋からしの種子で、マイルドな辛みと豊かな香りがある。マリネやピクルスなどの漬け込み料理に向く。

ジュニパーベリー
カクテルのベースに使われる"ジン"の香り付けに使われるスパイス。キャベツとの相性がよく、ザワークラウト作りには欠かせない。

キャラウェイシード
ディルのような香りとほのかな甘味が感じられ、ライ麦パンによく合う。ジュニパーベリーと合わせてザワークラウトに欠かせないスパイス。

イタリアンパセリ

ドライでもさわやかな香りとほろ苦さが感じられる。料理のアクセントに使いやすい。ソースなどで少量使う場合は、フレッシュの代わりに使ってもよい。

オレガノ

トマト料理と相性がいいシソ科のハーブでピザには欠かせない。ドライでも特有の清涼感があり、肉・魚料理の臭み消しにも重宝する。サラダにも合う。

レモングラス

レモンのような香りを持つさわやかなハーブ。東南アジアの料理に欠かせない。繊維がかたいので、細かく刻んで料理の風味付けに使う。

ディジョンマスタード

フランス・ディジョンの伝統的なマスタード。さわやかな酸味と辛みのバランスがよく、なめらかな舌触りとまろやかな味わいが特徴。

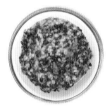

粒マスタード

マスタードの種子がそのまま入っており、プチプチした食感が楽しめる。ディジョンマスタードと比べて辛みはマイルド。

イエローマスタード

鮮やかな黄色が印象的で辛そうに見えるが、辛みはない。さわやかな酸味とほのかな甘味があり、なめらかな舌触り。ホットドッグに欠かせない。

和からし（チューブタイプ）

西洋のマスタードは、辛みが穏やかで料理にたっぷり使うことが多いのに対し、和からしには強い辛みがある。少量をアクセントに使うとよい。

練りわさび（チューブタイプ）

和食に欠かせないアクセント調味料だが、原材料には西洋わさびが使われているものが多い。辛みが強く、少量でもアクセントになる。

ねり梅

梅干しをベースにしたペースト状の日本ならではの調味料。さわやかな酸味と梅の香りが心地よく、和風サンドイッチのアクセントによい。

おろしにんにく

料理の風味付けに欠かせないにんにくは、調理の下味やソース類に広く活用できる。少量のソースを作る時には市販のおろしにんにくは手軽で便利。

ホースラディッシュ（チューブタイプ）

ローストビーフに欠かせない西洋わさびは日本では手に入りにくいが、チューブタイプなら手軽に使える。日本のわさびよりまろやかな味わい。

柚子こしょう

唐辛子と柚子と塩で作られる調味料で、大分を中心に九州各地で親しまれている。柚子の清涼感と辛みのバランスがよく、野菜にもよく合う。

セロリソルト

セロリシードの粉末入りの塩。どんな野菜にも合うシンプルさでひと味足りない時に便利。トマトとの相性が特によい。シカゴ風ホットドッグに欠かせない。

トリュフソルト

乾燥させたトリュフ入りの塩。高価なトリュフの香りを手軽に楽しめる。卵や肉料理に合う。サラダの仕上げにひと振りするだけでも高級感が出る。

デュカ

エジプトのブレンドスパイスで、ごま、クミン、コリアンダーなどシード系スパイスにナッツと塩を合わせたもの。食感と香りのアクセントに便利。

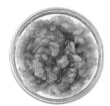

もろみ味噌

もろみとは米・大豆・麦などの原料に麹や塩などを加え発酵させた液体の中にある固形物のことで、もろみ味噌は味噌汁などの調味に使うのではなく、粒感を生かしてそのまま食べられる味噌。

しょうゆ

日本を代表する調味料。少量加えるだけで和風の味わいに。マヨネーズなどと合わせてとろみを付けるとサンドイッチにも使いやすい。

とんかつソース

果実や野菜の甘味が感じられる濃厚な味わい。ウスターソースや中濃ソースよりとろみがあり、とんかつをはじめ、コロッケやフライにも合う。

ケチャップ

アメリカのサンドイッチによく使われる。トマトの酸味と甘味はマヨネーズとの相性がよく、混ぜ合わせてソースにしてもよい。

ナンプラー

タイの魚醤で、タイ料理に欠かせない調味料。独特の香りと強い旨味、塩味がある。ベトナムではヌクマムといい、バインミーにも使われる。

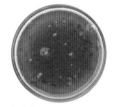

スイートチリソース

ベトナムやタイで使われる、甘酸っぱさと辛みが調和したソース。どんな食材にも合わせやすいが、味が強いのでマヨネーズなどとブレンドしてもよい。

白ワインビネガー　赤ワインビネガー

E.V.オリーブ油　　太白ごま油

酢と油

生野菜に欠かせないドレッシングは、酢と油と塩が基本になる。シンプルなだけに、酢と油の種類で味わいが大きく変わる。フランスのワインビネガーははっきりした酸味とフルーティさが特徴。白だとあっさりめ、赤だと深みが出る。日本の米酢はなじみのある酸味。りんご酢は酸味が穏やか。

油はドレッシングのベースにするなら、香りのないものが使いやすい。太白ごま油はクセがなく万能。E.V.オリーブ油はフレッシュな香りや独特の辛みの個性を生かして、アクセントに使いたい。

肉と魚介の加工品

サンドイッチ作りではハムやスモークサーモンなどの食肉加工品や魚介加工品も重要な食材です。素材そのものを楽しむ生野菜と違い、加工されている食材は品質により味わいの差が大きく、それは価格に反映されます。ハムであれば上質なものと安価なものを食べ比べるのと同時に原材料もチェックしてみましょう。作りたいサンドイッチの方向性に合う素材選びが大切です。

ももハム

ロースハム

プロシュート

焼豚

ハム類

ハムHamとは英語で"豚のもも肉"のことで、本来は豚のもも肉の加工品を指す。フランスのジャンボン・ブールのようなハムがメインのサンドイッチには上質なもも肉のハムを使いたい。食パンのサンドイッチには、小ぶりなロースハムも使いやすい。丸いハムを四角いパンにはさむ時は、ハムのない部分がないよう並べ方に注意する。プロシュートはイタリアの生ハムで、少量でも野菜の味わいを引き立てる。焼豚はアジアの豚肉加工品と考え、ハムと替えて使ってもよい。

ベーコン

ソーセージ

ローストビーフ

パストラミビーフ

そのほかの食肉加工品

豚肉加工品のなかで、特に品質にこだわりたいのがベーコン。上質なものは豚バラ肉の旨味がしっかりと感じられ、B.L.T.にすると真価を発揮する。ソーセージにはサイズも形状も加工方法も様々なタイプがある。本書では、スモークタイプの粗挽きソーセージをホットドッグに使用している。牛肉加工品もサンドイッチに向く。ローストビーフは牛肉そのものを生かしたシンプルな味わい。黒こしょうが効いたパストラミビーフはアメリカのサンドイッチに欠かせない。

スモークサーモン

ツナのオイル漬け

かに風味かまぼこ

アンチョビ

魚介の加工品

サンドイッチに魚介を合わせる場合、ハムなどの食肉加工品と同様に加工調理されたものが使いやすい。魚介特有の生臭さが気になる場合があるので、ハーブやスパイス、香味野菜をバランスよく組み合わせる。スモークサーモンにはディルが合う。ツナにはこしょうやレモン果汁を合わせるとよい。かに風味かまぼこは日本生まれだが、欧米でも人気が高くサンドイッチに向く。カタクチイワシを塩漬けにしたアンチョビは、しっかりした塩味と特有の旨味を生かしてアクセントに使うとよい。

生野菜に合う基本の **フィリング**

スパイシーグリルドチキン

パサつきがちな鶏むね肉がしっとりソフトに焼きあがります。スパイスたっぷりでそのままでも美味。サンドイッチのメインとして、サラダの具材として大活躍します。鶏肉の旨味とスパイスが調和した肉汁も余さず使いこなしましょう。

材料(作りやすい分量)
鶏むね肉 …… 1.2kg
にんにく(すりおろす) …… 6g
はちみつ …… 15g
カイエンペッパー …… 1.2g
塩 …… 10g
黒こしょう(粗挽き) …… 1.2g
白こしょう …… 1.2g
E.V.オリーブ油 …… 大さじ2

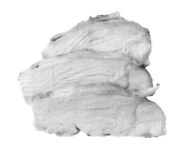

1 鶏むね肉は両面を肉たたき(麺棒でも可)でたたく。たたくと筋繊維がほぐれ、味がしみ込みやすくなる。厚みのあるところは強めにたたき、厚みを揃えると火が均等に入る。

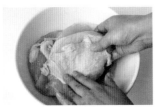

2 ボウルに入れ、塩とはちみつを合わせてよくもみ込む。

3 にんにく、カイエンペッパー、黒こしょう、白こしょうを加えて全体になじませる。ラップをして約30分常温におく。時間がない場合は、すぐに焼いてもよい。

4 E.V.オリーブ油をかけ全体にからめてから、皮面を上にしてバットに並べる。180℃に予熱したオーブンで20分焼く。

5 加熱が終わったらそのままオーブンの中で5分置いてから取り出す。アルミホイルをかぶせてさらに10分おく。

6 熱いうちに切ると、肉汁が流れ出てしまうので、粗熱が取れてから切る。サンドイッチに使う場合は、好みの厚さにスライスする。

肉汁を合わせる

サラダには10mmほどの角切りにするのがおすすめです。バットに残った肉汁を全体にからめると、しっかりした味わいに。スライスの場合は、バットに並べ肉汁をかけてなじませます。

サラダチキン

鶏むね肉の加工品として登場し、近年人気が高まり定番化しています。市販品を使えば手軽ですが、手作りすると素材そのものの味わいが生かせます。低温調理機を使えば簡単に作ることができます。時間がある時にまとめて作って冷凍保存してもよいでしょう。

材料(作りやすい分量)
鶏むね肉(皮なし) …… 2枚
はちみつ …… 鶏肉の重量の1%
塩 …… 鶏肉の重量の1%
白こしょう …… 少々

1 鶏むね肉は両面を肉たたき(麺棒でも可)で両面をたたく。たたくと筋繊維がほぐれてやわらかく、味がしみ込みやすくなる。厚みのあるところは強めにたたき、厚みを揃えると火が均等に入る。

2 ジッパー付き保存袋に1を入れ、はちみつ、塩、白こしょうを加えて全体になじませる。鶏むね肉は袋の中で重ならないようにし、空気を抜いて密閉する。冷蔵庫に半日おいて味をなじませる。

3 低温調理器を使い、63℃の湯で1時間湯煎する。低温調理器がない場合は、温度管理をしながら弱火で湯煎してもよい。

4 加熱が終わったら、氷水を入れたボウルに入れて急冷する。急冷することで加熱をすぐに止め、傷みやすい温度帯を速やかに避ける。

5 すぐに使わない場合は、密閉したまま冷蔵または冷凍庫で保存する。冷蔵で3日以内、冷凍で1カ月以内が目安。

6 サンドイッチに使う場合は、好みの厚さにスライスする。蒸し鶏のように繊維に沿ってほぐしてもよい。

チキンサラダ

サラダチキンをほぐしてマヨネーズとディジョンマスタードで和えるだけ。シンプルなチキンサラダは、生野菜との相性がよく使い勝手のよい一品です。

材料(作りやすい分量)
サラダチキン
(上記参照・蒸し鶏や市販品でも可) …… 300g
マヨネーズ …… 40g
ディジョンマスタード …… 5g

1 サラダチキンは繊維に沿って手でほぐす。

2 マヨネーズとディジョンマスタードを加えてよく混ぜ合わせる。上記のサラダチキンを使う場合は、塩、こしょうは不要だが、蒸し鶏や市販品を使う場合、味を見て足りなければ塩、白こしょうを加えて調節する。

カツオのコンフィ

ツナサンドのツナは缶詰などの市販品を使うのが一般的ですが、手作りすると特別な一品に。新鮮なカツオが手に入る時に挑戦してみましょう。粗ほぐしでサンドイッチや、サラダに使うと上質な味わいを実感できます。コストを気にしなければ、マグロで作るとより上品な味わいに仕上がります。

＊ツナtunaとは、スズキ目サバ科マグロ族に分類される魚のことで、マグロだけではなくカツオも含まれます。ツナ缶にはマグロだけなく、カツオが使われているものも多くあります。

材料(作りやすい分量)
カツオ(刺身用のサク) …… 400g
タイム …… 1枝
ローリエ …… 1枚
にんにく(皮をむき芯を取る) … 1/2片
塩 …… 4g(カツオの重量の1%)
白こしょう(粒) …… 小さじ1/4
E.V.オリーブ油 …… 大さじ2

1 カツオはバットに入れ、両面に塩少々(分量外)をふる。ラップをして10分おき、ペーパータオルで押さえて余分な水分を取る。

2 ジッパー付き保存袋に1を入れて全体に塩をふり、E.V.オリーブ油、タイム、ローリエ、スライスしたにんにく、白しょうを入れる。カツオは袋の中で重ならないようにし、空気をしっかり抜いて密閉する。冷蔵庫に半日おいて味をなじませる。

3 低温調理器を使い、50℃の湯で30分湯煎する。低温調理器がない場合は、温度管理をしながら弱火で湯煎してもよい。

4 加熱が終わったら、氷水を入れたボウルに入れて急冷する。急冷することで加熱をすぐに止め、傷みやすい温度帯を速やかに避ける。

5 すぐに使わない場合は、密閉したまま冷蔵庫で保存する。保存期間は5日以内が目安。

ツナサラダ

サンドイッチの基本フィリングとして色々使えるツナサラダは、辛みの少ない紫たまねぎで食感と香りを補います。お好みでレモン果汁少々を加えるとさわやかに仕上がります。

材料(作りやすい分量)
ツナのオイル漬け
(市販品・オイルを切る) … 200g
紫たまねぎ(みじん切り) …… 50g
マヨネーズ …… 50g
塩 …… 少々
白こしょう …… 少々

1 ツナのオイル漬けはザルに上げ、余分なオイルを切ってから計量する。ここでは市販品を使用しているが、自家製のカツオのコンフィ(上記参照)を使う場合は粗くほぐしておく。

2 ボウルに1、紫たまねぎ、マヨネーズを入れて混ぜ合わせる。塩、白こしょうを加えて味を整える。

サーモンペースト

スモークサーモンはサンドイッチに使いやすい食材ですが、特有の香りが気になることがあります。クリームチーズとさわやかな香りや酸味のある食材と合わせてペーストにすると、上質なサンドイッチスプレッドになります。

材料(作りやすい分量)
スモークサーモン …… 100g
クリームチーズ …… 50g
ケッパー …… 10g
レモンの皮(すりおろす) …… 1/3個分
ディル …… 少々
塩 …… 少々
白こしょう …… 少々
E.V.オリーブ油 …… 大さじ1

1 スモークサーモンは粗く刻む。

2 フードプロセッサーに1、クリームチーズ、ケッパー、レモンの皮、ディル、E.V.オリーブ油を入れ、なめらかになるまで撹拌する。塩、白こしょうを加えて味を整える。

ハムペースト

サンドイッチにはそのままはさむことの多いハムは、ペーストにすると新鮮です。なめらかで上品な味わいを生かし、生野菜とシンプルに合わせましょう。ディジョンマスタードのすっきりした辛みで後味よく仕上がります。

材料(作りやすい分量)
ももハム …… 100g
生クリーム …… 80g
ディジョンマスタード …… 5g
無塩バター …… 15g
塩 …… 少々
白こしょう …… 少々

1 ももハムは粗く刻む。

2 フードプロセッサーに1、生クリーム、ディジョンマスタード、無塩バターを入れ、なめらかになるまで撹拌する。塩、白こしょうを加えて味を整える。

卵サラダ

サンドイッチ作りに欠かせないフィリングで、どんな食材とも相性がよく、彩りも魅力です。マヨネーズと塩、白こしょうだけでシンプルに仕上げるのが基本です。マヨネーズの量を変えたり、ハーブを加えてアレンジしても。

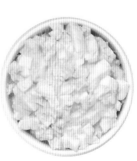

材料(作りやすい分量)
ゆで卵 …… 3個
マヨネーズ …… 30g
塩 …… 少々
白こしょう …… 少々

1 ゆで卵は細かく刻む。こし器の網を使うと簡単に均一につぶすことができる。

2 ボウルに1、塩、白こしょうを入れて塩味を感じる程度に下味を付けてから、マヨネーズを合わせる。

生野菜に合う パン

しっとりときめ細かく口溶けのよい日本の角食パンは、どんな食材にも合わせやすく、サンドイッチ作りの主役です。本書では角食パンのサンドイッチを基本にし、野菜の個性が生きるバランスを探りながら、世界のパンと組み合わせます。

ハード系

パン・ド・カンパーニュ（なまこ型）

フランスの素朴な田舎パン。大きな丸型やなまこ型など形状も味わいも作り手によって異なる。生野菜には、酸味が穏やかで軽めのタイプが合わせやすい。

ミニフランスパン

サンドイッチにしても食べやすい小型のフランスパン。フィセルのような正式名称はないが、サンドイッチ用に作っているベーカリーも多い。

バゲット

フランスを代表する食事パンで、細長く焼き上げたことによるクラスト（皮）の香ばしさが特徴。サンドイッチにする時は、食感のバランスや生野菜の水分に注意する。

全粒粉パン（なまこ型）

小麦全粒粉入りのパンは香ばしさとコクがありサンドイッチに向く。食物繊維が豊富で、白いパンに比べてGI値が低いのも魅力。

ドライフルーツ入りライ麦パン

レーズン、クランベリーなどのドライフルーツがたっぷり入ったライ麦パン。フルーツの甘味がアクセントになり、チーズとの相性が抜群。

食パン

角食パン

一番の基本となる、プレーンな食パン。型にふたをして焼くため、中はしっとりとやわらかく、サンドイッチはもちろん、トーストにも向く。薄切りから厚切りまで、自由に楽しめる。

全粒粉食パン

小麦全粒粉を使った食物繊維が豊富なヘルシーブレッドで、近年人気が高まっている。素朴な味わいと香りが特徴的。トーストすると香ばしさが引き立つ。

ライ麦食パン

ライ麦粉をブレンドした風味豊かな食パンは、サンドイッチに向く。スライスは薄めがよい。乳製品や魚介類との相性もよく個性的な味わいが楽しめる。

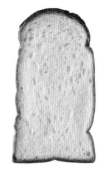

山型食パン

型にふたをせず焼くことで生地が垂直に伸び、上部が山のようになることからこう呼ばれる。別名イギリスパン。角食パンに比べるときめが粗く、トーストするとザクッとした食感が楽しめる。

世界のパンと小型パン

クロワッサン

フランスでは朝食の定番で、そのまま食べるのが基本。フランスではサンドイッチにすることは少ないが、実は野菜との相性がよく上手に組み合わせたい。

フォカッチャ

イタリアのシンプルな平焼きパン。オリーブ油の香りと歯切れのよさが特徴で、生野菜によく合う。やわらかいので、野菜をたっぷり合わせることができる。

カイザーゼンメル

オーストリア生まれの小型パンで、ドイツでも広く食べられている。プレーンのほか、ごまやケシの実をトッピングしたものがある。サックリと歯切れがよく、サンドイッチに向く。

ベーグル

ニューヨークから世界に人気が広がったユダヤ発祥のパン。ゆでてから焼くことによる目の詰まった食感が特徴。クリームチーズと合わせてサンドイッチにするのが基本。

バインミー

ベトナムのフランスパン。皮が薄くてサックリと軽い食感で、野菜をたっぷり合わせても食べやすいのが魅力。ソフトフランスパンでも代用できる。

塩パン

生地の中央にバターを巻き込み、塩をまぶして焼いたシンプルなパン。近年日本全国で人気が広がった。塩とバターのシンプルな味わいがサンドイッチに向く。

ドッグパン

ホットドッグ用の細長いパン。ソフトで食べやすく、ホットドッグはもちろん、野菜のサンドイッチにも広く活用できる。

バターロール

卵とバターが入ったリッチな味わい。やさしい甘味とソフトな食感で食べやすく、小さめのサイズ感も使いやすい。

野菜の道具

野菜の下ごしらえや調理の場面では、欠かせない調理器具があります。例えば、サラダスピナー。これがあれば手間なく水切りでき、作業時間も短縮できます。また、包丁で切れるものでも、専用のスライサーがあれば誰でも均一に仕上げることができます。ここでは、本書のなかで使用している調理器具の一部を紹介します。

リラダスピナー

野菜の水切り器。内側のザルに洗った葉物野菜を入れ、ハンドルを押してザルを回転させることで、余分な水気が切れる。ハンドルを手で回すタイプもある。蓋も分解できるものが洗いやすく、衛生的に使える。葉物野菜のサラダやサンドイッチを作るなら、必ず用意しておきたい道具。

スライサー（ベンリナーNo.64）

約0.5〜5mmまで厚さが調節できる野菜用スライサー。似たような道具はたくさんあるが、厚さが調節できるものは少ない。付属の交換刃を使えば、せん切りもできる。切れ味がよく活躍の場面が多い道具だが、取り扱いには十分に注意する。

ガーリックプレス

にんにくしぼり器ともいう。にんにくを中に入れハンドルを握るとペースト状になったにんにくが出てくる。にんにくは皮をむき、芯を取ったものをつぶすとよい。おろし器を使うと手ににおいが付き、おろし器に残った繊維を取るのが手間だが、これなら片手で作業ができ洗浄も容易。

せん切りスライサー、チーズおろし器

せん切り用のおろし器は、キャロットラペに欠かせない道具。にんじんは包丁で切ると味がしみ込みにくく食感もかたいままだが、おろし器を使うと断面がシャープではないため味がなじみやすくしんなりして食べやすくなる。サラダ用に使いやすいおろし器もあるが、4面チーズおろし器の一番粗い面を使ってもよい。

電動ベジタブルスライサー

野菜専用の電動スライサーは、利用場面が限られているためあまり普及していないが、特定のメニューを多く作る場面では力を発揮する。例えば、にんじんの大量調理の際、おろし器では時間がかかり力もいるが、電動であれば手軽。写真のものは野菜を細長く切るベジタブルヌードルにも対応している。

ベジタブルヌードルカッター

野菜をらせん状に細長くカットできる専用スライサー。ブレードに野菜を押し当てて、時計回りにひねるとらせん状になった野菜が出てくる。この野菜をパスタの代わりに使ったメニューは、ベジタリアンや糖質制限メニューとして近年人気。ズッキーニが特に向く。

ピーラー

野菜の皮むきに欠かせないY字型ピーラーは、握りやすさや切れ味で選ぶとよい。サイズや刃の形状が異なる色々なタイプがあり、皮むきのほか、野菜のスライスにも使える。写真左はせん切り専用。中央は、細かいギザギザの刃がついたトマトピーラーで、やわらかいトマトや桃、キウイの皮むきに向く。右は刃がフラットな一般的なタイプ。

おろし器

大根以外にも生姜、わさび、チーズなどをおろせる。写真左上は竹製の鬼おろしで、大根を粗くおろす時に使う専用器。中央は銅製のおろし金。食材の繊維だけを切って、組織を壊さないため大根おろしやおろし生姜が水っぽくなりにくく口当たりがまろやかになる。右下はセラミック製。大量におろすには時間がかかるが、洗いやすく衛生的。

セラミック製鬼おろし器
（サラダとジュースの鬼おろし）

野菜や果物を粗くおろせる新感覚のセラミック製おろし器。生野菜でドレッシングやソースを作る時、ブレンダーを使うとなめらかに仕上がるが、野菜の食感をあえて残したい時にはこれが向く。本書では、パン・コン・トマテ（p.151参照）などで使用している。

ハンドブレンダー

スティック状の本体の先端にブレードが備わったコンパクトな調理家電。食材を切ったり、混ぜたり、つぶしたりが片手で手軽にできる。フードプロセッサーや縦型のブレンダーに比べ、少量でも調理しやすいのが魅力。コードレスタイプはキッチンで使いやすい。本書では、ドレッシングやソース作りに活用している。

ドレッシングボトル

ドレッシングの保存にあると便利な専用ボトル。メモリが付いたタイプは、瓶に酢やオイルを直接入れて瓶ごとシェイクしてドレッシングを作ることができる。メーカーごとに液だれしにくいように注ぎ口に工夫がある。写真左のものはボトルが上下に分かれるため中まで洗いやすい。右のものは耐熱ガラス製で食洗機での洗浄が可能。

漬物用ガラス容器

においや色が移りにくい耐熱ガラス製の漬物容器。電子レンジ可なので、ピクルス液や野菜を入れたまま電子レンジで加熱することもできる。重石が付いており、少量の漬物やピクルスを作る時に便利。スリムなので、冷蔵庫のドアポケットに入れられるのもよい。

低温調理器

低温調理とは食材を保存袋に入れて密閉して湯煎加熱することで、フランス料理の「真空調理」と同様の調理法。家庭で手軽に使える低温調理器が普及し、低温調理の人気が広がっている。湯をはった鍋に低温調理器を入れると設定温度を保つことができる。サラダチキン（p.49参照）とカツオのコンフィ（p.50参照）に使用。

ヨーグルトメーカー

その名の通りヨーグルト作り専用の調理家電だが、一定の温度で長時間保温できる機能を生かして発酵食品や低温調理にも活用できる。メーカーごとに設定できる温度や時間が異なるので、目的に合わせて選びたい。写真のものは25〜70℃、タイマーは30分〜99時間まで設定可能。発酵ピクルス作りに。

フードドライヤー

トースターのような形状の、コンパクトなフードドライヤー。乾燥野菜やドライフルーツが手軽に作れる。写真のものは、乾燥温度は35〜75℃、タイマーは2〜30時間まで設定できる。水分が抜けることで野菜の旨味が凝縮され、保存性が高まる。本書ではセミドライトマト（p.25参照）で使用している。

02

パンに生野菜を

はさむ

きゅうり ✕ 食パン

断面が斜めライン

斜めスライスきゅうりサンド

クラシックなイギリスのティーサンドイッチの基本になるのがきゅうりだけのサンドイッチです。薄切りの食パンにバターをたっぷり塗って白こしょうをふったきゅうりをはさむだけ。シンプルだからこそ、パンの味わい、バターのコク、きゅうりのみずみずしさや食感をダイレクトに感じることができます。サンドイッチのバランスを考えるお手本となる、基本の組み合わせです。

縦切りきゅうりのマリネサンド

縦方向に薄くスライスしたきゅうりをシャンパンビネガーと塩、白こしょうでマリネしてからサンドしました。左ページのものとできあがりの見た目はほとんど変わりませんが、きゅうりの切り方も、味付けも異なります。きゅうりを薄く切ることで食感はより上品に、ビネガーでマリネすることで味わいに奥行きが出ます。まずはこの2品を食べ比べて、好みのバランスを探りましょう。

きゅうり ✕ 食パン

断面が斜めライン【斜めスライスきゅうりサンドのはさみ方】

ここでは有塩バターで塩味を付けています。無塩バターを使う場合は、きゅうりに塩をふって味付けをしましょう。

材料(1組分)

角食パン(10枚切り) …… 2枚
有塩バター …… 12g
きゅうり …… 75g(斜め3mmスライス13枚)
白こしょう …… 少々

作り方

1. きゅうりはスライサーで斜めに3mm厚さにスライスする(p.22参照)。

2. 角食パン1枚の片面に有塩バターの半量を塗り、上半分に1のきゅうり6枚をずらしながら並べ、最後に半分に切ったきゅうりを1枚おく。下半分に残りを同様にずらしながら並べ、白こしょうをふる。

3. もう1枚の角食パンの片面に残りの有塩バターを塗り、**2**と合わせる。手のひらで上から全体をやさしく押さえて具材とパンをなじませる。

4. 耳を切り落とし、3等分に切る。

組み立てのポイント

きゅうりは気持ち厚めに切るとパリパリとした食感を楽しめます。パンの耳を切り落とす時に、きゅうりも切り落とさないよう、耳の内側にきゅうりを収めるように意識して並べましょう。

サンドイッチに使うバターは常温に戻してやわらかくしておきます。バターがかたいとパンに塗る時に、パンの表面が荒れてしまいます。

輪切りの場合は……

きゅうりを斜めスライスにすると、パン全体に敷き詰めることができ、きゅうりの存在感を楽しめます。輪切りにする場合は、斜めスライスと同様にパンの耳の内側にきゅうりを並べて作ります。できあがりの見た目はほとんど変わりませんが使うきゅうりはほぼ半量です。きゅうりが少ない分、片側のパンにはクリームチーズを塗ってコクをプラスすると味のバランスが整います。

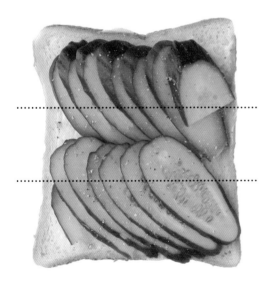

断面が斜めライン 【縦切りきゅうりのマリネサンドのはさみ方】

きゅうりはマリネして味付けしているので、ここでは無塩バターを使用します。ハムやチーズなど塩気のある食材をはさむ場合は、無塩バターだと間違いありませんが、野菜だけを合わせる時は有塩バターの塩気を生かしてもよいでしょう。

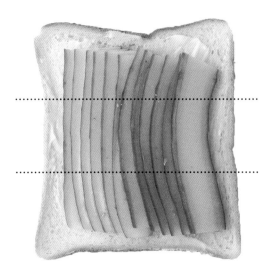

材料(1組分)

角食パン(10枚切り) …… 2枚
無塩バター …… 12g
きゅうり …… 80g(縦2mmスライス12枚)
シャンパンビネガー(白ワインビネガーでも可)
…… 少々
塩 …… 少々
白こしょう …… 少々

作り方

1. きゅうりはヘタを取り半分の長さに切ってから、スライサーで縦に2mm厚さにスライスする(p.22参照)。バットに並べ、シャンパンビネガー、塩、白こしょうをふって全体をなじませてマリネにする(p.23参照)。

2. 角食パン1枚の片面に無塩バターの半量を塗る。

3. ペーパータオルに**1**のきゅうりをずらしながら並べ、ペーパータオルではさんで余分な水気を取る。ペーパータオルから**2**のパンに移す。

4. もう1枚の角食パンの片面に残りの無塩バターを塗り、**3**と合わせる。手のひらで上から全体をやさしく押さえて具材とパンをなじませる。

5. 耳を切り落とし、3等分に切る。

組み立てのポイント

きゅうりをマリネする場合、薄めに切ると短時間で味がなじみ上品に仕上がります。きゅうりの水分と一緒に塩も落ちるので、塩、白こしょうは気持ち多めにふるのがポイントです。マリネしたものは必ず味見して調節しましょう。食パンにきゅうりを並べる時は、耳と一緒にきゅうりを切り落とさないように耳の8mm程度内側に収めます。

きゅうりはペーパータオルの上に並べることで水気を取る手間が省けます。

きゅうりがきれいに並んだ状態のまま、バターを塗った面にのせます。

きゅうり ✕ 食パン + 具材アレンジ！

きゅうりとサワークリームのサンドイッチ

きゅうりは皮をむくと独特の青臭さが薄まり、繊細さがより際立ちます。有塩バターで塩味を、サワークリームで酸味とコクを補い、ディルの香りを添えるとティータイムにぴったりの上品な味わいにまとまります。アフタヌーンティーの一品におすすめです。

材料（1組分）

角食パン（12枚切り）…… 2枚
サワークリーム …… 15g
有塩バター …… 10g
きゅうり …… 50g
ディル …… 少々
塩 …… 少々
白こしょう …… 少々

作り方

1. きゅうりは皮をむき、スライサーで2mm厚さの輪切りにする（p.22参照）。
2. 角食パン1枚の片面に有塩バターを塗り、1をのせ、ディルの葉、塩、白こしょうをふる。
3. もう1枚の角食パンの片面にサワークリームを塗り、2と合わせる。手のひらで上から全体をやさしく押さえて具材とパンをなじませる。
4. 耳を切り落とし、3等分に切る。

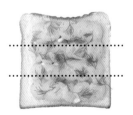

きゅうりとハムペーストのサンドイッチ

きゅうりはハーブとの相性がよく、なかでもディルやミントとの組み合わせは定番です。ディルがやわらかい香りであるのに対し、ミントには強い清涼感があります。ミントの香りに負けないライ麦パンに、コクのあるハムペーストとさわやかなレモンバターを合わせることで、それぞれの個性が際立ちます。粗く挽いた黒こしょうでパンチを効かせるのもポイントです。

材料(1組分)

ライ麦食パン(12枚切り) …… 2枚
ハムペースト(p.51参照) …… 30g
レモンバター(p.42参照) …… 10g
きゅうり …… 50g
ミント …… 少々
黒こしょう …… 少々

作り方

1. きゅうりは皮をむき、スライサーで2mm厚さの輪切りにする(p.22参照)。
2. ライ麦食パン1枚の片面にハムペーストを塗り、写真を参考に**1**を並べる。ちぎったミントの葉をのせ、粗く挽いた黒こしょうをふる。
3. もう1枚のライ麦食パンの片面にレモンバターを塗り、**2**と合わせる。手のひらで上から全体をやさしく押さえて具材とパンをなじませる。
4. 耳を切り落とし、3等分に切る。

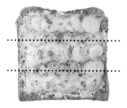

きゅうり ✕ 食パン + 具材アレンジ！

きゅうりクリームチーズのサンドイッチ

きゅうりのサンドイッチだけでも様々なバリエーションがあります。スライスしたきゅうりをきれいに並べるだけでなく、クリームチーズで和えるとパンにはさみやすいフィリングになります。水切りしたきゅうりがギリギリまとまる量のクリームチーズと合わせましょう。クリームチーズのコクがメインのきゅうりを補って、全粒粉食パンの風味を引き立てます。

材料(1組分)
全粒粉食パン(10枚切り) …… 2枚
きゅうりのクリームチーズ和え※ …… 120g

※きゅうりのクリームチーズ和え
(作りやすい分量)
きゅうり1本(100g)はスライサーで薄く輪切りにし、塩小さじ1/2をふってもみ込む。10分ほどおいてから水気をしっかりしぼり、クリームチーズ50gと混ぜ合わせる。白こしょう少々をふって味を調える。

作り方
1. 全粒粉食パン1枚の中央にきゅうりのクリームチーズ和えをのせ、四隅に向かって薄く塗り伸ばし、もう1枚の全粒粉食パンと合わせて、手のひらで上から全体をやさしく押さえて具材とパンをなじませる。
2. 耳を切り落とし、対角線上に4等分に切る。

きゅうりの漬物の和風サンド

和風のきゅうりの漬物もピクルスの一種と考えると、パンとの組み合わせも違和感はありません。
青じそともろみ味噌を合わせると、日本酒にも合うサンドイッチに。パンだからと洋風にすること
にこだわらず、和の調味料や和ハーブと合わせてみると新しい味わいに出会えます。

材料(1組分)

ライ麦食パン(12枚切り) …… 2枚
無塩バター …… 10g
きゅうりの浅漬け(p.37参照) …… 70g
青じそ …… 1枚
もろみ味噌 …… 10g
マヨネーズ …… 2g

作り方

1. きゅうりの浅漬けはスライサーで3mm厚
さの輪切りにする(p.22参照)。
2. ライ麦食パン1枚の片面に無塩バターの半
量を塗り、青じそをのせる。マヨネーズを細
くしぼってかけ、写真を参考に**1**を並べる。
3. もう1枚のライ麦食パンの片面に残りの無
塩バターともろみ味噌を重ねて塗り、**2**と合
わせる。手のひらで上から全体をやさしく押
さえて具材とパンをなじませる。
4. 耳を切り落とし、3等分に切る。

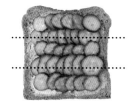

きゅうり ╳ 食パン + 具材アレンジ！

塩もみきゅうりのトーストサンド

水分の多いきゅうりは、塩もみしてぎゅうぎゅうと水気をしぼると食感が引き締まりいつもとは違う印象に。きゅうりだけでもかなりの重量感で、食べ応えがある一品になります。セロリソルトの香りが程よいアクセントになり、トーストの香ばしさとマヨネーズの酸味が調和します。シンプルながらも想像以上のおいしさです。

材料（1組分）

山型食パン（10枚切り）…… 2枚
マヨネーズ …… 20g
きゅうりの塩もみ(p.23参照) …… 100g
セロリソルト(p.46参照・塩でも可) …… 少々
白こしょう…… 少々

作り方

1. 山型食パンは軽く色付く程度にトーストし、片面にマヨネーズを半量ずつ塗る。
2. しっかりと水気をしぼったきゅうりの塩もみをのせ、セロリソルトと白こしょうをふる。もう1枚の山型食パンと合わせ、4等分に切る。

＊きゅうりはしっかりと水気をしぼるのがポイント。1組できゅうり1.5本分が目安。

＊トーストサンドのパンは、軽く色付く程度に焼いて表面はパリッとさせ、内側には水分が残っている状態がベストです。表面が焼き固められることで、たっぷり具材をはさんでもパンが潰れず組み立ても容易です。カリカリにするとパンと具材がなじみにくくなるので注意しましょう。

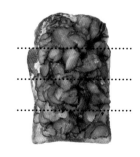

きゅうり入り卵サラダドッグ

きゅうりと卵は相性がよく、安心感のある味わいです。ほんのり甘味のあるドッグパンにたっぷりとはさみましょう。アクセントには和からしがよく合います。ピリッとした辛みで全体が引き締まります。

材料（1本分）

ドッグパン …… 1本(45g)
無塩バター …… 5g
和からし …… 2g
卵きゅうりサラダ※ …… 100g

※卵きゅうりサラダ（作りやすい分量）
きゅうり1本は縦半分に切って種を取り、斜め切りにする(p.23参照)。塩もみをし、水気をしっかりしぼる。粗く刻んだゆで卵2個、マヨネーズ24g、塩、白こしょう各少々を混ぜ合わせて味を調えてから、きゅうりと合わせる。

作り方

1. ドッグパンは横から切り込みを入れ、内側に無塩バターを塗る。さらに上断面に和からしを塗り重ねる。
2. 卵きゅうりサラダをはさむ。

きゅうり ✕ 食パン + 具材アレンジ！

きゅうりのピクルスとスモークサーモンのサンドイッチ

スモークサーモンが主役のようでいて、実はきゅうりのピクルスが主役です。さわやかな酸味のサワークリームとハーブを合わせたマヨソース、ディルが香るきゅうりのピクルスとライ麦パン。酸味のあるものを重ねることで、サーモンの風味が引き立ちます。絶妙なバランスを楽しめる大人の組み合わせです。

材料(1組分)

ライ麦食パン(12枚切り) …… 2枚
レモンバター(p.42参照) …… 12g
きゅうりのディルピクルス
(p.36参照・市販品でも可) …… 40g
スモークサーモン …… 20g
ルッコラ …… 5g
ハーブマヨソース(p.39参照) …… 5g

作り方

1. きゅうりのディルピクルスは2mm厚さの輪切りにする。
2. ライ麦食パン1枚の片面にレモンバターの半量を塗り、スモークサーモンを並べ、ハーブマヨソースの半量を細くしぼってかける。
3. 2の上に1を並べ、ハーブマヨソースの残りを細くしぼってかけ、ルッコラをのせる。
4. もう1枚のライ麦食パンの片面に残りのレモンバターを塗り、3と合わせる。手のひらで上から全体をやさしく押さえて具材とパンをなじませる。
5. 耳を切り落とし、3等分に切る。

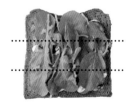

きゅうりのピクルス入りジャンボン・ブール

シンプルなジャンボン・ブールにコルニッション（p.37参照）を合わせることはありますが、あくまでも添えもの程度。ここではむしろきゅうりのピクルスが主役です。大きなものをドーンとはさめばバゲットの歯応えやハムの味わいにも負けない存在感で、きゅうりのポテンシャルに驚かされます。

材料(1本分)

バゲット …… 1/3本
無塩バター …… 10g
きゅうりのディルピクルス
(p.36参照・市販品でも可) …… 40g
ももハム …… 25g

作り方

1. バゲットは横から切り込みを入れ、内側に無塩バターを塗る。
2. ももハム、縦半分に切ったきゅうりのディルピクルスを順にはさむ。

レタス ✕ 食パン

くるくる折りたたむ

レタスハムサンド

レタスとハムはサンドイッチの具材のなかでも特に人気が高く、サンドイッチで"好きな具材"の上位に必ず挙がります。レタス自体は味や香りの強い野菜ではありません。そのまま食べても味気ないものですが、ソースや具材と組み合わせることで具材からサラダに変身します。レタスは新鮮なものを、しっかりと水切りして使いましょう。レモンバターとドレッシング入りのマヨソースを合わせることで、シンプルななかにも味わいの調和を実感できます。レタスは大きな葉を1枚丸ごと折りたたんではさむのがポイントです。シャキシャキした食感やみずみずしさを堪能しましょう。

グリーンサラダサンド

"きゅうりだけ"のサンドイッチはありますが、"レタスだけ"というものはあまり見かけないのではないでしょうか。左ページでハムと合わせたように、相性のよい食材と合わせる方が、レタスならではの味わいを引き出すことができます。葉物野菜のなかで食感のよさはピカイチですが、葉の色が薄いため、サンドイッチのなかで彩りを強調させるのは苦手です。ならば別の葉物野菜と組み合わせてみてはどうでしょう。緑の鮮やかなサラダ菜、しっかりとしたヒダが特徴的なエンダイブ。三種三様のビジュアルと繊細な味わいの違いを重ねることで、葉物野菜だけでもサラダ感が出せます。

レタス ✕ 食パン

くるくる折りたたむ【レタスハムサンドのはさみ方】

丸いハムを中央にのせると四隅にはハムの
ない箇所ができてしまいます。2枚使う場
合は、1枚は中央にそのままのせ、もう1
枚は半分に切り、直線の辺を外側(耳側)に
向けてのせます。こうすることで、ハムで
パン全体を覆うことができます。

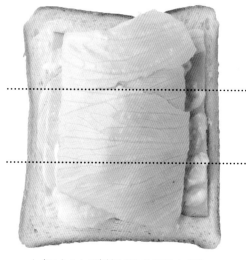

レタスとハムの素材そのものの味わいを生
かし、サラダ感を高めるため、パンにはレ
モンバターを塗っています。レモンバター
の香りと塩味が程よく、たっぷりレタスの
調味料としての役割があります。

材料(1組分)

角食パン(10枚切り) …… 2枚
レモンバター(p.42参照) …… 12g
レタス …… 35g
ロースハム …… 2枚(30g)
オニオンマヨソース※ …… 7g

※オニオンマヨソース
マヨネーズとオニオンドレッシング(p.41参
照)を5：2の割合で混ぜ合わせる。

作り方

1. 角食パン1枚の片面にレモンバターの半量
を塗る。ロースハム1枚は半分に切り、写真
を参考に角食パンにのせ、オニオンマヨソー
スを細くしぼってかける。

2. レタスを折りたたみ(p.19参照)、**1**にのせる。

3. もう1枚の角食パンの片面に残りのレモン
バターを塗り、**2**と合わせる。手のひらで上
から全体をやさしく押さえて具材とパンをな
じませる。

4. 耳を切り落とし、3等分に切る。

組み立てのポイント

たっぷりレタスが主役です。新鮮なレタスを
使うことが大前提で、冷水に浸けてシャキッ
とさせること、しっかりと水気を切って使う
ことも大切です。ハムもできれば上質なもの
を選びましょう。噛んだ時に、シャキッとし
たレタスとハムの肉らしい食感の調和を実感
できるのがベストです。ここではオニオンド
レッシングとマヨネーズを合わせたソース
を使用して、さわやかな味わいにまとめてい
ます。ソースはお好みで、ハーブマヨソース
(p.39参照)やディジョンマスタードマヨソー
ス(p.73参照)に替えてもよいでしょう。

緑を重ねる【グリーンサラダサンドのはさみ方】

葉物野菜だけのシンプルな組み合わせなので、有塩バターとクリームチーズをパンに塗って味を重ねます。

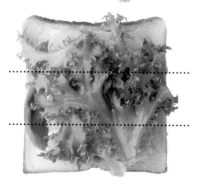

材料(1組分)

角食パン(12枚切り) …… 2枚
クリームチーズ …… 15g
有塩バター …… 6g
レタス …… 18g
エンダイブ …… 7g
サラダ菜 …… 5g
ディジョンマスタードマヨソース※…… 5g

※ディジョンマスタードマヨソース
マヨネーズとディジョンマスタードを5：1
の割合で混ぜ合わせる。

作り方

1. 角食パン1枚の片面に有塩バターを塗る。サラダ菜をのせ、ディジョンマスタードマヨソースの半量を細くしぼってかける。レタスを折りたたんで(p.19参照)のせ、残りのディジョンマスタードマヨソースを細くしぼってかけ、エンダイブをのせる。

2. もう1枚の角食パンの片面にクリームチーズを塗り、1と合わせる。手のひらで上から全体をやさしく押さえて具材とパンをなじませる。

3. 耳を切り落とし、3等分に切る。

組み立てのポイント

同じ葉物野菜でも色合いや形状、かたさが違います。それぞれの特性を生かしてはさむ順番を決めましょう。サラダ菜は葉がフラットでしなやかな食感で、パンに密着しやすいため一番下に。メインのレタスは折りたたんで真ん中に。この組み合わせの場合のレタスは、外側の大きな葉を使うよりも、内側の小さめの葉の方がサイズのバランスが合います。最後にヒダがしっかりしていて立体感のあるエンダイブを。サラダ菜とエンダイブを逆にはさむと、上にのせるレタスが安定しにくいので注意しましょう。それぞれの葉物野菜の間にディジョンマスタードマヨソースをかけるのは、味付けと接着のためです。ソースが多すぎると断面にソースが流れ出て汚れてしまうので、しぼり袋に入れたソースを少量ずつ細くしぼってかけるのがポイントです。

レタス ✕ 食パン + **具材アレンジ！**

丸ごと卵とチキンのロールレタスサンド

ゆで卵とチキンサラダを2種のレタスで包み込んだロールキャベツならぬロールレタスを大胆にサンドしました。しっかりと包み込まれているおかげで具だくさんでも食べやすく、インパクトのあるビジュアルになります。

材料(1組分)

角食パン(8枚切り) …… 2枚
無塩バター …… 10g
レタス …… 35g
サニーレタス(グリーンリーフ・
フリルレタスでも可) …… 15g
ゆで卵 …… 1個
チキンサラダ(p.49参照) …… 50g
ハーブマヨソース(p.39参照) …… 5g
白こしょう……少々

作り方

1. レタスとサニーレタスを重ねて広げ、手前にチキンサラダをのせ、その上にエッグスライサーでスライスしたゆで卵をずらしながら並べる。ハーブマヨソースを細くしぼってかけ、チキンサラダとゆで卵を包み込むようにレタスとサニーレタスを折りたたむ(p.19参照)。

2. 角食パン1枚の片面に無塩バターの半量を塗り、1をのせる。

3. もう1枚の角食パンの片面に残りの無塩バターを塗り、2と合わせる。手のひらで上から全体をやさしく押さえて具材とパンをなじませる。

4. ワックスペーパーで包んで(p.83参照)から、半分に切る。ゆで卵の上に白こしょうをふる。

レタスが主役のB.L.T.

世界中で愛されているB.L.T.はベーコン、レタス、トマトの3種類の組み合わせが絶妙な定番のサンドイッチです。3つの食材のどれを主役にするかで、見た目も味わいも印象が変わります。レタスを主役にするなら、たっぷりのレタスを引き立てるソースを選び、トマトの量は少し控えめに。トマトのジューシー感とベーコンの旨味が、レタスの食感やみずみずしさを支えてくれます。

材料(1組分)

全粒粉食パン(8枚切り) …… 2枚
無塩バター …… 10g
レタス …… 65g
トマト(大) …… 8mmの半月切り2枚(40g)
ベーコン …… 3枚(40g)
ハーブマヨソース(p.39参照) …… 10g
塩 …… 少々
黒こしょう …… 少々

作り方

1. ベーコンは半分の長さに切り、フライパンで両面を焼く。ペーパータオルで押さえて余分な脂を取る。

2. 全粒粉食パンは軽く色付く程度にトーストし、1枚の片面に無塩バターの半量を塗る。1をのせ、粗く挽いた黒こしょうをふってからハーブマヨソースの半量を細くしぼる。

3. トマトは両面に軽く塩をふってから、ペーパータオルで押さえて余分な水気を取り、2にのせる。粗く挽いた黒こしょうをふってから、残りのハーブマヨソースを細くしぼる。

4. レタスを折りたたみ(p.19参照)3の上にのせる。もう1枚の全粒粉食パンの片面に残りの無塩バターを塗り、3と合わせる。手のひらで上から全体をやさしく押さえて具材とパンをなじませる。

5. ワックスペーパーで包んで(p.83参照)から、半分に切る。

トマト ✕ 食パン

断面が横ライン

スライストマトサンド

トマトはきゅうりやレタスと並んで、サンドイッチに欠かせない野菜のひとつです。酸味と甘味のバランスがよくジューシーなおいしさが持ち味で、鮮やかな赤色はサンドイッチに彩りを添えます。組み合わせて使うことが多い食材ですが、単品使いしてみるとトマトそのものの味わいが実感できます。スライスしたトマトはサイズやはさみ方で断面の表情が変わります。輪切りの丸いトマトは使う位置によりサイズが異なるので、サンドイッチを複数作る際、均一に仕上げにくいのが難点です。半月切りにしたものを組み合わせると、無駄なく美しいラインに仕上げることができます。

断面がまるい

ミニトマトサンド

トマトを使ったサンドイッチで悩むのは、水分の問題です。ジューシーさが
魅力である半面、パンに水気がしみ込んでおいしさを保ちにくいため、組み
立て方にも工夫が必要です。そんな問題を解消できるのが、ミニトマトのサ
ンドイッチ。丸ごと使えるため、ミニトマトの断面がパンに直接当たること
はありません。フルーツサンドイッチを作る時と同様に、はさむ位置と切る
場所を考えて組み立てましょう。

トマト ✕ 食パン

断面が横ライン【スライストマトサンドのはさみ方】

クリームチーズにたっぷりの黒こしょうと
塩を合わせると、パンと野菜の味わいを調
和させるサンドイッチペーストになります。
トマトとの相性がよく、食べ飽きないおい
しさです。

材料（1組分）
角食パン（10枚切り）…… 2枚
黒こしょうクリームチーズ（p.42参照）…… 30g
トマト（中）…… 120g（10mmの半月切り4枚）
はちみつ …… 3g
塩 …… 少々

作り方
1. トマトは両面に塩をふり、ペーパータオ
ルで押さえて余分な水分を取る。

2. 角食パン1枚の片面に黒こしょうクリーム
チーズの半量を塗り、写真を参考に**1**を並べ、
はちみつをかける。

3. もう1枚の角食パンの片面に残りの黒こし
ょうクリームチーズを塗り、**2**と合わせる。
手のひらで上から全体をやさしく押さえて具
材とパンをなじませる。

4. 耳を切り落とし、3等分に切る。

組み立てのポイント
スライスしたトマトは断面から水気が出やす
く、パンに密着させるとパンが水っぽくなり
ます。サンドイッチのパンにバターを塗るの
はパンに油膜を張って具材の水分がしみるの
を防ぐためですが、特に水分の多い野菜を合
わせる場合は長時間持ちません。そんな時に
はクリームチーズの出番です。たっぷり塗る
ことで水分移行を防ぐと同時に、トマトを引
き立てる味の要となります。

クリームチーズ

なめらかなクリーム状のフレッシュタイプの
チーズで、乳酸菌由来の酸味と乳脂肪のリッ
チなコクが特徴です。クセがなくパンに塗り
やすいので、サンドイッチ作りには欠かせま
せん。クリームチーズはパンの表面にしっか
り塗ることができるため、水分の多い具材を
はさむ時に便利です。味わいの個性を生かし
ながら、具材のパンへの水分移行を防ぐこと
ができます。粗挽きの黒こしょうのほか、ハ
ーブやにんにくを合わせても美味。メーカー
ごとに味わいが異なるので、塩、白こしょう
で下味を付けて調節しまし
ょう。チーズケーキをイメ
ージして、はちみつや砂糖
で甘味を付けるとスイーツ
サンドイッチにも活用でき
ます。

断面がまるい【ミニトマトサンドのはさみ方】

たっぷりのリコッタクリームは味のためだけでなく、転がりやすいミニトマトを固定させるためでもあります。フルーツサンドイッチを作る時のように、ミニトマトとパンの間がリコッタクリームで埋まるようにしましょう。

材料(1組分)

角食パン(8枚切り) …… 2枚
リコッタクリーム(p.42参照) …… 60g
ミニトマト …… 6個
黒こしょう …… 少々

作り方

1. 角食パン1枚の片面にリコッタクリームの半量を塗る。写真を参考にミニトマトを上下に3個ずつ並べる。

2. もう1枚の角食パンの片面に残りのリコッタクリームを塗り、1と合わせる。手のひらで上から全体をやさしく押さえて具材とパンをなじませる。

3. 耳を切り落とし、3等分に切る。仕上げに粗く挽いた黒こしょうをふる。

組み立てのポイント

このサンドイッチを作る時は、ミニトマトは丸いものよりも細長いタイプがおすすめです。カット位置が若干ずれてしまっても丸い断面が出やすくなります。ミニトマトが動かないように、リコッタクリームでしっかり固定するようにしましょう。

リコッタチーズ

リコッタはイタリアのフレッシュチーズです。イタリア語で「二度煮る」という意味で、チーズ製造時に出たホエイ(乳清)を再加熱して固めることから由来します。日本では2005年10月から法令上の種類別名称が「チーズ」ではなく「乳又は乳製品を主原料とする食品」に変更されていますが、チーズの一種です。低脂肪でさっぱりとしたなかにミルクの甘味が感じられるやさしい味わいが特徴です。イタリアでは、そのまま塩、こしょう、オリーブオイルをかけたり、サラダにのせるほか、パスタの詰め物にするのも一般的。お菓子にもよく使われます。日本では、リコッタ入りのパンケーキがブームになり、近年、家庭でも使われる場面が増えています。塩とはちみつを加えて甘味と塩味のコントラストと、黒こしょうでアクセントを付けると、サンドイッチ作りでも活躍します。

トマト ✕ 食パン

上品スライス

トマトとスプラウトのサンドイッチ

サンドイッチは具材が均一に入るように切り分けることが大切です。四角い食パンに輪切りのトマトをはさむ場合、3等分に切るとトマトが真ん中だけに入り、両端はパンだけになってしまいます。四角と丸を同時に均等に分けるためには、半分または4等分にします。切りやすく、食べやすいのは4等分。パンの中央に主役のトマトをのせ、その上にはたっぷりのスプラウトを。ふんわりと空気を抱き込んだスプラウトのおかげで程よいボリュームが出ます。シンプルでありながらもサラダ感が味わえるおすすめの組み合わせです。

トマトとツナとスプラウトのサンドイッチ

フルーツサンドイッチ作りでは、主役のフルーツの切り方やはさみ方に様々な工夫を凝らします。食べた時のバランス以上に大胆なビジュアルを意識する場面も多いでしょう。これをトマトに応用して、トマトを丸ごと1個分はさんでみました。くし形切りにしたトマトを半量ずつ、皮面を外側にして互い違いに並べると、パンのなかにきれいに収まります。決して食べやすくはありませんが、トマトをじっくり味わえるのは間違いありません。

トマト ✕ 食パン

上品スライス【トマトとスプラウトのサンドイッチのはさみ方】

材料(1組分)

全粒粉食パン(10枚切り) …… 2枚
レモンバター(p.42参照) …… 10g
トマト(大) …… 60g(12mmの輪切り1枚)
ブロッコリースーパースプラウト …… 15g
練乳マヨソース(p.39参照) …… 3g
塩 …… 少々
黒こしょう …… 少々

作り方

1. トマトは両面に軽く塩をふってから、ペーパータオルで押さえて余分な水気を取る。

2. 全粒粉食パンは、1枚の片面にレモンバターの半量を塗る。1をのせ、粗く挽いた黒こしょうをふってから練乳マヨソースを細くしぼってかける。

3. ブロッコリースーパースプラウトをのせ、もう1枚の片面に残りのレモンバターを塗った全粒粉食パンと合わせる。手のひらで上から全体をやさしく押さえて具材と食パンをなじませる。

4. 耳を切り落とし、対角線上に4等分に切る。

組み立てのポイント

練乳とマヨネーズを合わせた練乳マヨソースは、想像通りの甘味があります。野菜に甘いソース？と驚かれるかもしれませんが、“甘味”を適切に組み合わせると味に奥行きが出て、味わいの調和が実感できます。トマトとは特に相性がよく、“甘味”を添えることで普通のトマトがフルーツトマトのように感じられます。プレーンなマヨネーズと合わせたものと食べ比べてみてください。

大胆カット 【トマトとツナとスプラウトのサンドイッチのはさみ方】

材料(1組分)

全粒粉食パン(8枚切り) …… 2枚
無塩バター …… 10g
トマト(中) …… 1個(160g)
ブロッコリースーパースプラウト …… 15g
ツナサラダ(p.50参照) …… 60g
ハーブマヨソース(p.39参照) …… 8g
塩 …… 少々

作り方

1. トマトはヘタを取り、8等分のくし形切りにする。

2. 全粒粉食パンは軽く色付く程度にトーストし、1枚の片面に無塩バターの半量を塗る。ツナサラダを塗り、ハーブマヨソースの半量を細くしぼってかける。1のトマトを皮面を下にして4切れ並べ、トマトの断面に塩をふる。残りの4切れは皮面を上にして、最初に並べたトマトの間に1切れずつ入れてトマトを密着させる。

3. 残りのハーブマヨソースを細くしぼってかけ、ブロッコリースーパースプラウトをのせる。

4. もう1枚の全粒粉食パンの片面に残りの無塩バターを塗り、3と合わせる。手のひらで上から全体をやさしく押さえて具材とパンをなじませる。

5. ワックスペーパーで包んで(下記参照)から、半分に切る。

組み立てのポイント

くし形切りのトマトは均等に切って組み合わせると断面が密着して崩れにくく、手順さえ間違わなければ意外と作りやすいサンドイッチです。ツナサラダはたっぷりのトマトに負けない味の要であり、トマトを固定させる役割もあります。トマトの上のスプラウトは、ふんわりと程よいボリューム感を保てるのが魅力です。

ワックスペーパーでの包み方

1 ワックスペーパーは角食パンの縦の3倍の長さに切り、サンドイッチを横向きにおく。

2 ワックスペーパーの左右の端をサンドイッチの中央上で合わせたら90°回転させる。

3 ワックスペーパーの両端を合わせたところを10mm幅に折り、そのくるくるとペーパーがサンドイッチに密着するまで折りたたむ。

4 90°回転させ、ワックスペーパーの左右の端をそれぞれ中心に向かって三角形に折る。

5 三角形に尖った先端を底に折り曲げる。

6 反対側も同様に折る。

7 折り目に対して垂直に半分に切る。

トマト × 食パン + 具材アレンジ！

トマトが主役のB.L.T.

ベーコン、レタス、トマトを組み合わせたB.L.T.は生野菜たっぷりのサンドイッチの代表選手です。
レタスが主役のB.L.T.（p.75参照）をすでに紹介していますが、こちらはトマトが主役。トマトはく
し形切りにすることで、ダイナミックな食感やジューシーさが際立ちます。さらにトマトバターと
ケチャップを使って味を重ねることで、トマトの魅力を堪能できます。

材料（1組分）

全粒粉食パン（10枚切り）…… 2枚
トマトバター※…… 20g
トマト（中）…… 80g（くし形切り4切れ）
レタス …… 40g
ベーコン（ソテー）…… 3枚（40g）
ロシアンドレッシング（p.43参照）…… 8g
塩 …… 少々
黒こしょう …… 少々

※トマトバター（作りやすい分量）
ドライトマト（p.25参照）をお湯で戻し軽
く水気をしぼったもの15gをみじん切り
にして無塩バター40gと混ぜ合わせ、塩、
白こしょう各少々で味を調える。

作り方

1. 全粒粉食パンは軽く色付く程度にトース
トし、1枚の片面にトマトバターの半量を塗
る。ベーコンをのせ、粗く挽いた黒こしょう
をふってから、写真を参考にロシアンドレッ
シングの半量を縦に2箇所にかける。
2. トマトは断面に軽く塩をふってから、ペー
パータオルで押さえて余分な水気を取り、写
真を参考に1の上にのせる。粗く挽いた黒こし
ょうをふってから、同様に残りのロシアンド
レッシングをかける。
3. レタスは15mm幅に切り、2の上にのせる。
もう1枚の片面に残りのトマトバターを塗っ
た全粒食パンと合わせる。手のひらで上から
全体をやさしく押さえて具材とパンをなじま
せる。
4. 耳を切り落とし、半分に切る。仕上げに粗
く挽いた黒こしょうをふる。

フォカッチャのカプレーゼサンド

イタリアの定番の前菜"カプレーゼ"をイタリアのパン"フォカッチャ"に合わせたパニーニは、シンプルながらも贅沢なおいしさです。トマトとモッツァレラとバジルは、塩やオリーブ油を適切に合わせた時にはじめて、素材の魅力が引き出され、おいしい料理になります。サンドイッチにするならば、バジルの葉そのものよりも調味されたバジルソースを使うと間違いありません。

材料（1組分）

フォカッチャ …… 1切れ（110g）
バジルソース（p.40参照）…… 6g
タプナード（p.40参照）…… 4g
フルーツトマト …… 25g
（6mmの半月切り6枚）
ルッコラ …… 5g
モッツァレラチーズ …… 1/2個（50g）
E.V.オリーブ油 …… 適量
塩 …… 少々
白こしょう …… 少々

作り方

1. モッツァレラチーズは6mm厚さにスライスする。バットに入れ、両面に塩、白こしょう、E.V.オリーブ油をかける。
2. フォカッチャは横から半分に切り、下側の断面にバジルソース塗る。ルッコラをのせ、**1**とフルーツトマトを交互にのせる。
3. フォカッチャの上側の断面にタプナードを塗り、**2**と合わせる。

にんじん✕食パン

断面がふんわり

ひらひらにんじんサンド

にんじんはサンドイッチに彩りを添える一方で、特有の香りがあり、好みが分かれる野菜でもあります。キャロットラペにしてしっかりと味付けをするか、味の強い食材と合わせるとクセがやわらぐので、味付けして使うと間違いありませんが、まずは味付けせずに素材そのものを味わってみることをおすすめします。ピーラーで薄切りにすると、ふんわりとボリュームが出て香りもやさしく感じられます。リコッタチーズにはちみつと黒こしょうを合わせたクリームがにんじんの個性を引き立てながらも穏やかに調和します。

せん切りにんじんとツナのサンドイッチ

同じ野菜でも切り方を変えるだけで食感や香りの感じ方が変化します。せん切りのにんじんをサンドイッチにすると、ピーラーで薄切りにしたものと比べてギュッと詰まって重量感が出ます。にんじんの存在感が強調されるので、組み合わせる食材とのバランスには注意が必要です。合わせやすいのはツナサラダ。ツナも特有の香りや味わいが強く、生ぐささが気になることがありますが、にんじんとはいい意味でお互いのクセを抑え合い、さっぱりと食べられます。

にんじん ✕ 食パン

断面がふんわり【ひらひらにんじんサンドのはさみ方】

材料(1組分)
角食パン(8枚切り) …… 2枚
リコッタクリーム(p.42参照) …… 40g
にんじん(ピーラーで薄切り・p.26参照) …… 35g

作り方
1. 角食パンの片面にリコッタクリームを半量ずつ塗り、にんじんをはさむ。手のひらで上から全体をやさしく押さえてにんじんとリコッタクリームをなじませる。
2. 耳を切り落とし、3等分に切る。

組み立てのポイント
ピーラーで薄切りにしたにんじんは、ふんわりとボリュームが出ます。パンを重ねるだけでは平らにならず、カット後に開きやすいので、リコッタクリームとにんじんをしっかりなじませて落ち着かせます。リコッタクリームをたっぷり塗るのは味付けのためだけでなく、パンとにんじんを接着させる役割もあります。

さっぱりしたリコッタチーズにはちみつの甘味と粗く挽いた黒こしょうを合わせたものは、生野菜を引き立てる使い勝手のよいクリームです。このサンドイッチでは味付けの要となるので、たっぷりとパンに塗りましょう。

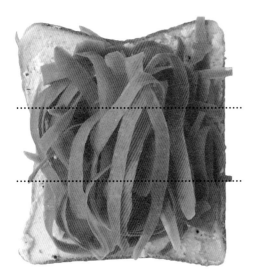

食パンを使い分ける ～白いパンの場合～

サンドイッチ作りの基本になるのは白い食パンです。しっとりときめ細かな生地はやさしい味わいで、どんな食材にも合わせやすく万能です。白いパンは白いお皿のようでもあり、食材の色みが鮮やかに映えるのも魅力です。サンドイッチに使いやすい厚みは12枚切りから8枚切り。上品なティーサンドイッチには12枚切りを。10枚切りは万能です。具だくさんなものやパンをしっかり味わいたい時には8枚切りを選びましょう。山型食パンは型にふたをせずに焼き上げるため生地が垂直に伸び、角食パンと比べるときめが粗く水分も抜けています。トーストするとザクッとした歯切れのよい食感が生かせるので、トーストサンドにおすすめです。
ここでは、適度な厚みのある白い角食パンとリコッタクリームのなかで穏やかに主張するにんじんとの調和を楽しんでみてください。

断面にぎっしり【せん切りにんじんとツナのサンドイッチのはさみ方】

材料(1組分)

全粒粉食パン(8枚切り) …… 2枚
有塩バター ……10g
にんじん(スライサーでせん切り・p.26参照) …… 45g
ツナサラダ(p.50参照) …… 50g

作り方

1. 全粒粉食パン1枚の片面に有塩バターの半量を塗り、ツナサラダとにんじんを順にのせる。

2. もう1枚の全粒粉食パンの片面に残りの有塩バターを塗り、1と合わせる。手のひらで上から全体をやさしく押さえて具材とパンをなじませる。

3. 耳を切り落とし、3等分に切る。

組み立てのポイント

にんじんそのものを味わうため、ここではあえてシンプルな組み合わせにしています。より完成度を高めるなら葉物野菜で彩りとサラダ感をプラスするとよいでしょう。その場合は、接着のためににんじんの上にマヨネーズを細くしぼってかけてから葉物野菜を合わせます。ルッコラやクレソンなど香りの強い野菜がよく合います。

せん切りにしたにんじんをそのまま合わせているので、味付けのために有塩バターを塗ります。

食パンを使い分ける ～茶色いパンの場合～

白い食パンの上品でやさしい味わいに比べると、茶色い食パンは素朴な味わいと香ばしさがあります。サンドイッチ作りでは、食材との相性やバランスを考えてパンを選びます。プレーンな角食パンが白米、茶色い全粒粉食パンは玄米のようなものと考えるとイメージしやすいかもしれません。白米に合わせたい食材、玄米に合う食材が違うのと同じように、白いパンには穏やかな味わいの具材が、茶色いパンはパン自体の味が強いのでパンに負けない強い味わいの具材が合います。茶色いパンは、その色みが濃くなるほど味の個性も強くなります。全粒粉食パンよりもライ麦食パンの方が特有の香りや味わいが強く重量感もあります。また、全粒粉食パンはトーストすると香ばしさが際立つので、トーストサンドにも向きます。
全粒粉食パンの素朴な香りはツナの味わいにも負けず、その個性をしっかりと受け止めてくれます。生野菜との組み合わせでは野菜のヘルシー感を引き立てます。

にんじん ╳ 食パン + 具材アレンジ!

キャロットラペと卵とチキンの彩りサラダサンド

にんじんは単品使いよりも葉物野菜のグリーンと合わせる方が鮮やかなコントラストで彩りを生かせます。こちらのキャロットラペはドライマンゴー入りでフルーティ。清涼感あふれるルッコラと合わせて、サラダ感あふれる味わいに仕上げました。ゆで卵とチキンサラダで食べ応えもプラスしたおすすめの組み合わせです。

材料(1組分)

全粒粉食パン(8枚切り) …… 2枚
無塩バター …… 10g
マンゴー入りキャロットラペ※…… 40g
ルッコラ …… 4g
ゆで卵 …… 1個
チキンサラダ(p.49参照) …… 45g
マヨネーズ …… 6g
塩 …… 少々
白こしょう …… 少々
ピスタチオ(スーパーグリーン) …… 少々

※マンゴー入りキャロットラペ
(作りやすい分量)
ボウルにレモン果汁大さじ2、塩小さじ1/3、白こしょう少々を入れてよく混ぜ合わせてからサラダ油大さじ1とE.V.オリーブ油大さじ1を少しずつ加えて混ぜ合わせる。にんじん(スライサーでせん切り・p.26参照)200g、ドライマンゴー(せん切り)50gを加えて全体を混ぜ合わせる。

作り方

1. 全粒粉食パン1枚の片面に無塩バターの半量を塗る。ゆで卵はエッグスライサーでスライスし、写真を参考に先に黄身が入ったものをカット位置に並べ、白身だけの部分は半分に切って上下に並べる。塩、白こしょうをふり、マヨネーズ2gを細くしぼってかける。

2. チキンサラダをのせ、マヨネーズ2gを細くしぼってかける。マンゴー入りキャロットラペをのせ、残りのマヨネーズを細くしぼってかけ、ルッコラをのせる。

3. もう1枚の全粒粉食パンの片面に残りの無塩バターを塗り、**2**と合わせる。手のひらで上から全体をやさしく押さえて具材とパンをなじませる。

4. 耳を切り落とし、3等分に切る。仕上げに粗く刻んだピスタチオをかける。

にんじんマリネとツナのレーズンパンサンド

パン自体に具材が混ぜ込まれているものは、その具材もサンドイッチの味付けの一部と考えると、そのパンならではの特別なサンドイッチを作れます。レーズンとくるみ入りのパンは使いやすいもののひとつです。塩もみしただけのにんじんがひと手間かけたキャロットラペの味わいに、シンプルなツナサラダがデリ風のおいしさにバージョンアップします。

材料（1組分）

レーズンとくるみのライ麦パン
（24mmスライス）……1枚（45g）
無塩バター……6g
にんじんの塩もみ（スライサーでせん切りにしてから塩もみ・p.26,27参照）……35g
ツナサラダ（p.50参照）……30g
ベビー小松菜（ベビーほうれん草でも可・p.13参照）……4g

＊にんじんの塩もみはマヨ和え（p.27参照）にしてもよい。

作り方

1. レーズンとくるみのライ麦パンは、上部中央に切り込みを入れ、内側に無塩バターを塗る。
2. ベビー小松菜、ツナサラダ、にんじんの塩もみを順にはさむ。

【レーズンとくるみ入りのライ麦パン】
レーズンの甘味と酸味、くるみの食感と香ばしさを生かして具材を合わせたい。

にんじん ✕ 塩パン + **具材アレンジ！**　　　　　**パンを替えて！**

生ハムとケールとにんじんの塩パンサラダサンド

塩パンは程よい塩味とバターの香りでそのままでも美味ですが、サンドイッチにすると味わいが生きてきます。薄切りのにんじんはふんわりとやさしい食感で、ベビーケールのほのかな苦味がアクセントに。パンと生ハムの塩味と練乳マヨソースのミルキーな甘味のコントラストが絶妙で、個々の食材の味わいが引き立ちます。

材料(1個分)

塩パン …… 1個(52g)
練乳マヨソース(p.39参照) …… 10g
にんじん
(ピーラーで薄切り・p.26参照) …… 15g
ベビーケール …… 5g
生ハム(プロシュート) …… 1/2枚(6g)
黒こしょう …… 少々

作り方

1. 塩パンは横から切り込みを入れ、内側に練乳マヨソース6gを塗る。
2. ベビーケールをはさみ、練乳マヨソース2gを細くしぼってかけ、生ハムをはさむ。さらに練乳マヨソースを2gしぼってかけ、にんじんをはさむ。
3. 仕上げに粗く挽いた黒こしょうをふる。

キャロットラペのクロワッサンサラダサンド

クロワッサンのサンドイッチは、クロワッサンが生まれたフランスではほとんど見られませんが、サンドイッチに向かないわけではなく、バランスの問題です。ここではクロワッサンにリコッタクリームを合わせることでたっぷりの生野菜との一体感が生まれました。くるみとレーズンのアクセントも効いています。

材料(1個分)

クロワッサン …… 1個(42g)
リコッタクリーム(p.42参照) …… 40g
キャロットラペ(p.35参照) …… 35g
ルッコラ …… 5g
くるみ(ロースト) …… 2g
黒こしょう …… 少々

＊くるみの代わりにエジプトのブレンドスパイス、デュカ(p.46参照)を使ってもよい。スパイシーな香りとナッツがにんじんに合う。

作り方

1. クロワッサンは横から切り込みを入れ、内側にリコッタクリームを塗る。
2. ルッコラとキャロットラペを順にはさむ。
3. 仕上げに粗く刻んだくるみと粗く挽いた黒こしょうをふる。

キャベツ ✕ 食パン

ソースをたっぷりかけたとんかつに、せん切りにしたキャベツの組み合わせは定番で、サンドイッチにしてもおいしいですが、せん切りキャベツをメインにしてパンにはさむと味気なくなります。できたてはせん切りキャベツのシャキッとした食感とソフトな食パンとが調和しにくく、時間が経つとしんなりした食感の変化やキャベツのにおいが気になります。キャベツが主役のサンドイッチにするなら、ひと手間加えるのがおすすめです。キャベツのおいしさが引き出せます。

塩もみキャベツとかにかまのサンドイッチ

材料(1組分)

角食パン(10枚切り) …… 2枚
レモンバター(p.42参照) …… 8g
無塩バター …… 6g
キャベツの塩もみ
(太めのせん切り・p.20,21参照) …… 70g
かに風味かまぼこ …… 4本(32g)
ハーブマヨソース(p.39参照) …… 7g
白こしょう …… 少々

作り方

1. 角食パン1枚の片面に無塩バターを塗り、キャベツの塩もみをのせ、白こしょうをふる。
2. ハーブマヨソースを細くしぼってかけ、粗くさいたかに風味かまぼこをのせる。
3. もう1枚の角食パンの片面にレモンバターを塗り、**2**と合わせる。手のひらで上から全体をやさしく押さえて具材とパンをなじませる。
4. 耳を切り落とし、3等分に切る。

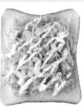

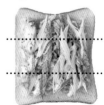

春キャベツのタルタルとハムのサンドイッチ

やわらかく甘味のある春キャベツは色合いがよく、旬の時季に取り入れたい食材です。ゆで卵ときゅうりのピクルスを合わせたタルタルソース風のサラダは、ハムとの相性が抜群です。同じ組み合わせをバゲットや塩パンに合わせてもよいでしょう。

材料（1組分）

角食パン（8枚切り）…… 2枚
無塩バター …… 10g
春キャベツのタルタルサラダ※
…… 60g
ロースハム …… 2枚（30g）

※春キャベツのタルタルサラダ
（作りやすい分量）
春キャベツ（7mm角切り）100gに塩2gをもみ込み、10分ほどおく。水気をしぼり、ゆで卵（5mm角切り）1個、きゅうりのディルピクルス（5mm角切り・p.36参照・市販品でも可）30g、マヨネーズ20g、白こしょう少々を混ぜ合わせる。

作り方

1. 角食パン1枚の片面に無塩バターの半量を塗り、写真を参考にロースハムをのせる。
2. 春キャベツのタルタルサラダをのせ、もう1枚の角食パンの片面に残りの無塩バターを塗って合わせる。手のひらで上から全体をやさしく押さえて具材とパンをなじませる。
3. 耳を切り落とし、3等分に切る。

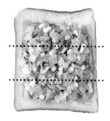

キャベツ ✕ 食パン + 具材アレンジ！

3色コールスローとスパイシーチキンのサンドイッチ

フレッシュなとうもろこしのプチプチした食感と甘味がアクセントになったコールスローは彩りがよく、食べ応えもあります。コールスローはフライドチキン専門店のサイドメニューで人気なように、スパイシーなチキンとよく合います。ここではヘルシーに、鶏むね肉のスパイシーなグリルドチキンと合わせました。味わいでも栄養面でもバランスのよい組み合わせです。

材料（1組分）

全粒粉食パン（8枚切り）…… 2枚
レモンバター（p.42参照）…… 10g
3色コールスロー※…… 60g
スパイシーグリルドチキン
（2.5mmスライス・p.48参照）…… 60g
ルッコラ …… 8g
マヨネーズ …… 3g
黒こしょう …… 少々

※3色コールスロー（作りやすい分量）
キャベツ（太めのせん切り）120g、とうもろこし（生食可能なもの・なければボイルしたもので可）120g、にんじん（細切り）60gとオニオンマヨソース（p.72参照）50g、パルメザンチーズ（パウダー）10gを混ぜ合わせ、塩、白こしょう各少々で味を調える。

作り方

1. 全粒粉食パンは軽く色付く程度にトーストし、1枚の片面にレモンバターの半量を塗る。ルッコラをのせ、マヨネーズを細くしぼってかけ、スパイシーグリルドチキンを並べる。粗く挽いた黒こしょうをふる。
2. 3色コールスローをのせ、残りのレモンバターを片面に塗ったもう1枚の全粒粉食パンと合わせる。手のひらで上から全体をやさしく押さえて具材とパンをなじませる。
3. 半分に切る。

2種のキャベツのルーベンサンドイッチ

ルーベンサンドイッチは、アメリカ生まれのボリューミーな一品です。驚くほどたっぷりのパストラミビーフがメインで、スイスチーズ、ザワークラウト、ロシアンドレッシングをライ麦パンにはさみます。ここではパストラミビーフはほどほどに、キャベツをたっぷりにしたヘルシー版にアレンジしました。酸味のあるザワークラウトと紫キャベツのW使いでシックな彩りも魅力です。

材料(1組分)

全粒粉食パン(8枚切り) …… 2枚
エメンタールチーズ(スライス)
…… 1枚(20g)
無塩バター …… 4g
ザワークラウト
(p.35参照・市販品でも可) …… 50g
紫キャベツの塩もみ
(p.21参照) …… 35g
パストラミビーフ …… 50g
ロシアンドレッシング(p.43参照) …… 7g

作り方

1. 全粒粉食パンは1枚にエメンタールチーズをのせ、もう1枚はそのままで、チーズが軽く溶けるまでトーストする。
2. チーズがない方の全粒粉食パンに無塩バター塗り、パストラミビーフをのせ、ロシアンドレッシングを細くしぼってかける。紫キャベツの塩もみ、ザワークラウトを順にのせ、チーズをのせた全粒粉食パンと合わせる。手のひらで上から全体をやさしく押さえ、具材とパンをなじませる。
3. 上下の耳を切り落とし、3等分に切る。

キャベツ ✕ カイザーゼンメル ＋ 具材アレンジ！

パンを替えて！

塩もみキャベツとサラダチキンのカイザーサンド

塩もみしたキャベツはかさが減るので、ほかの葉物野菜に比べてたっぷりはさみやすく食べやすいのが魅力です。オーストリア生まれの小型パン"カイザーゼンメル"は歯切れがよく、程よい塩味でサンドイッチ向き。チキンとキャベツとたまねぎというシンプルな組み合わせも、練乳マヨソースのやさしい甘味が重なることで、印象的なおいしさに仕上がりました。

材料（各1個分）

春キャベツと新たまねぎ

カイザーゼンメル（プレーン）……1個(45g)
無塩バター …… 5g
春キャベツの塩もみ(p.21参照) …… 25g
新たまねぎ(薄切り) …… 5g
サラダチキン(1.5mmスライス・p.49参照・市販品でも可) …… 40g
練乳マヨソース(p.39参照) …… 3 g
白こしょう …… 少々

紫キャベツとアーリーレッド

カイザーゼンメル（白ごま）…… 1個(45g)
無塩バター …… 5g
紫キャベツの塩もみ(p.21参照) …… 25g
紫たまねぎ(薄切り) …… 5g
サラダチキン(1.5mmスライス・p.49参照・市販品でも可) …… 40g
練乳マヨソース(p.39参照) …… 3g
白こしょう …… 少々

作り方

1. カイザーゼンメルは横から切り込みを入れ、内側に無塩バターを塗る。サラダチキンをはさみ、白こしょうをふる。
2. 春キャベツの塩もみ（または紫キャベツの塩もみ）をのせ、練乳マヨソースを細くしぼってかけ、新たまねぎ（または紫たまねぎ）をのせる。

ザワークラウト入り塩パンドッグ

ザワークラウトは豚肉や豚肉加工品との相性がよく、肉の旨味を引き立てながらもさっぱり食べられます。定番のホットドッグにザワークラウトをたっぷり合わせると、後味がさわやかなグルメな一品に変身します。パンはぜひ塩パンを。シンプルな組み立てだからこそ、パンと具材の個性が生かせます。

材料(1個分)

塩パン …… 1個(50g)
無塩バター …… 6g
ザワークラウト
(p.35参照・市販品でも可) …… 70g
ソーセージ（スモークタイプ・粗挽き）
…… 1本(58g)
粒マスタード …… 適量

作り方

1. 塩パンは上から切り込みを入れ、内側に無塩バターを塗る。
2. ザワークラウトの1/3量をはさんでソーセージをのせる。残りのザワークラウトをのせ、粒マスタードを添える。

セロリ ✕ 食パン

セロリのさわやかな香りや食感はパンに合わせても存在感があり、個性的な味わいを添えます。茎を薄切りにすると程よい歯応えが心地よく、みずみずしさが引き立ちます。たまねぎの代わりに使うと、味の印象が大きく変わることが実感できます。ツナやチキンとの組み合わせは特におすすめで、さわやかな後味が持続します。

セロリとカツオのサンドイッチ

材料(1組分)

ライ麦食パン(12枚切り) …… 2枚
無塩バター …… 10g
セロリ(薄切り) …… 50g
カツオのコンフィ(p.50参照・
市販品のツナのオイル漬けでも可) …… 35g
ハーブマヨソース(p.39参照) …… 12g

＊セロリは塩もみ(p.29参照)したものを
使ってもよい。

作り方

1. ライ麦食パン1枚の片面に無塩バターの半量を塗り、粗くほぐしたカツオのコンフィをのせ、ハーブマヨソースの2/3量を細くしぼってかける。
2. セロリをのせ、残りのハーブマヨソースを細くしぼってかける。
3. もう1枚のライ麦食パンの片面に残りの無塩バターを塗り、**2**と合わせる。手のひらで上から全体をやさしく押さえて具材とパンをなじませる。
4. 耳を切り落とし、3等分に切る。

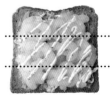

セロリとチキンのサラダのバゲットサンド

バゲットに生野菜を合わせる時は、噛み締めた時の食感のバランスを考えることが大切です。バゲットの香ばしさが損なわれないように、水分の出にくい野菜を選ぶ必要もあります。セロリと相性のよいりんごを加えたチキンサラダはバゲットと相性がよく、はさまず別々に食べるのもおすすめです。レーズンの甘味と酸味、くるみの香ばしさがよいアクセントになります。

材料（1本分）
バゲット …… 1/3本（80g）
無塩バター …… 10g
セロリとチキンのサラダ※ …… 60g
ルッコラ …… 4g
くるみ（ロースト）…… 4g

作り方
1. バゲットは横から切り込みを入れ、内側に無塩バターを塗る。
2. ルッコラ、セロリとチキンのサラダを順にはさむ。仕上げに粗く刻んだくるみをのせる。

※セロリとチキンのサラダ
（作りやすい分量）
セロリ（薄切り）100g、チキンサラダ（p.49参照）100g、りんご（皮付き・せん切り）50g、レーズン20gをボウルに入れ、レモン果汁小さじ1とマヨネーズ10gを混ぜ合わせ、塩、白こしょう各少々で味を調える。

ゴーヤー ✕ 食パン

ゴーヤーは塩もみしても水っぽくならず、みずみずしさとシャキシャキの歯応えが楽しめます。パンに組み合わせることの少ない野菜ですが、実はサンドイッチ向き。特有の苦味は塩とかつお節と合わせることで程よく落ち着き、さらにクリームチーズと合わせることでマイルドに。個性的な味わいを生かして自由に組み合わせてみましょう。

塩もみゴーヤーのサンドイッチ

材料(1組分)
角食パン(8枚切り) …… 2枚
クリームチーズ …… 20g
ゴーヤーのおかか和え※ …… 40g

※ゴーヤーのおかか和え
(作りやすい分量)
ゴーヤー1本(正味200g)は縦割りにして種とワタを取り2mm厚さの半月切りにし、塩小さじ1弱(4g)をもみ込む。かつおぶし(削りぶし)10gと混ぜ合わせる。

作り方
1. 角食パン1枚の片面にクリームチーズの半量を塗り、ゴーヤーのおかか和えをのせる。
2. もう1枚の角食パンの片面に残りのクリームチーズを塗り、1と合わせる。手のひらで上から全体をやさしく押さえて具材とパンをなじませる。
3. 耳を切り落とし、3等分に切る。

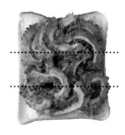

塩もみゴーヤーとチキンのベーグルサンド

ゴーヤーのおかか和えに和風味のチキンサラダがよく合います。ベーグルはレーズン入りのものを使うのがポイントです。レーズンの甘味と酸味、ゴーヤーの苦味との味わいのコントラストが新鮮で後を引くおいしさに。クリームチーズにたっぷり合わせた黒こしょうのアクセントも絶妙です。私自身も大好きな、お気に入りの組み合わせです。

材料（1個分）

ベーグル（レーズン入り）……1個（90g）
黒こしょうクリームチーズ
（p.42参照）……15g
ゴーヤーのおかか和え
（p.102参照）…… 40g
サラダチキンのごまマヨ和え※……50g

※サラダチキンのごまマヨ和え
（作りやすい分量）
サラダチキン（p.49参照）200gを繊維に沿って粗くほぐし、マヨネーズ50g、しょうゆ小さじ1、すりごま（白または金）25gと混ぜ合わせ、塩、白こしょう各少々で味を整える。

作り方

1. ベーグルは横から上下半分に切り、それぞれ断面に黒こしょうクリームチーズを塗る。
2. サラダチキンのごまマヨ和えとゴーヤーのおかか和えを順にはさむ。

103

スプラウト ✕ 食パン

細くやわらかな新芽に栄養がたっぷりと詰まったスプラウトは、パンにたっぷりはさんでも食べやすく上品な味わいが魅力です。細い茎が絡み合うことで程よいボリューム感と、ふわっとした弾力が楽しめます。卵サラダとの相性は特によく、おすすめの組み合わせです。パンにはベースとなるバターやクリーム類を多めに塗ると味が安定します。

ブロッコリースプラウトと卵サラダのサンドイッチ

材料(1組分)
角食パン(12枚切り) …… 2枚
ハーブ卵サラダ※ …… 45g
無塩バター …… 6g
ブロッコリースプラウト …… 15g

※ハーブ卵サラダ(作りやすい分量)
ゆで卵2個を細めの裏ごし器でつぶし
(または細かく刻む)、塩、白こしょう各
少々をふって下味を付けてからハーブマ
ヨソース(p.39参照)20gと混ぜ合わせる。

作り方
1. 角食パン1枚の片面に無塩バターを塗り、ブロッコリースプラウトをのせる。
2. もう1枚の角食パンの片面にハーブ卵サラダを塗り、1と合わせる。手のひらで上から全体をやさしく押さえて具材とパンをなじませる。
3. 耳を切り落とし、4等分に切る。

ブロッコリースプラウトと卵チキンのバターロールサンド

卵とチキンは間違いのない組み合わせ。小ぶりなバターロールで作った親子丼ならぬ親子サンドにスプラウトを合わせると印象が華やぎます。具だくさんのサンドイッチは食べにくさが気になることがありますが、スプラウトは少量でもふんわり程よいボリュームでパンを押さえると落ち着くのでストレスなく食べられます。

材料(2個分)

バターロール …… 2個(30g/個)
無塩バター …… 6g
ブロッコリースプラウト …… 30g
卵チキンサラダ※…… 80g

※卵チキンサラダ
卵サラダ(p.51参照)とチキンサラダ(p.49参照)を同量ずつ混ぜ合わせる。

作り方

1. バターロールは横から切り込みを入れ、内側に半量ずつ無塩バターを塗る。
2. 卵チキンサラダとブロッコリースプラウトを半量ずつ順にはさむ。

パプリカ ✕ 食パン

彩りのアクセントにすることの多いパプリカですが、薄切りを塩もみすると十分に主役として使えます。練乳マヨソースと合わせることで、特有の青臭さがやわらぎます。まずはシンプルに、やさしい甘味とほのかな酸味を堪能してみましょう。

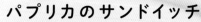

パプリカのサンドイッチ

材料(1組分)

角食パン(12枚切り) …… 2枚
練乳マヨソース(p.39参照) …… 16g
パプリカの塩もみ(p.30参照) …… 70g
黒こしょう …… 少々

＊練乳マヨソースはリコッタクリーム(p.42参照)に替えても美味。その場合は、分量を増やすとよい。ほんのり甘味をプラスすると、パプリカの味わいが引き立つ。

作り方

1. 角食パン1枚の片面に練乳マヨソースの半量を塗り、パプリカの塩もみをのせ、粗く挽いた黒こしょうをふる。
2. もう1枚の角食パンの片面に残りの練乳マヨソースを塗り、1と合わせる。手のひらで上から全体をやさしく押さえて具材とパンをなじませる。
3. 耳を切り落とし、4等分に切る。仕上げに粗く挽いた黒こしょうをふる。

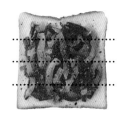

ピーマンとチキンのサンドイッチ

ピーマンはパプリカと比べると苦味が強い印象ですが、実は生でもおいしくいただけます。シャキシャキした食感が心地よく、程よい苦味で大人っぽい味わいです。マヨネーズにはしょうゆを加えてほんのり和風味に。かつおぶしの旨味を添えるのもポイントです。

材料（1組分）

全粒粉食パン（8枚切り） …… 2枚
マヨネーズ …… 10g
ピーマン（縦に細切り） …… 60g
チキンサラダ（p.49参照） …… 65g
かつおぶし …… 2g
しょうゆマヨソース※ …… 4g

※しょうゆマヨソース
マヨネーズとしょうゆを10：1の割合で
混ぜ合わせる。

作り方

1. 全粒粉食パンは軽く色付く程度にトーストし、片面にマヨネーズを半量ずつ塗る。
2. ピーマンをのせてしょうゆマヨソースを細くしぼってかけ、かつおぶしをのせる。
3. チキンサラダをのせ、もう1枚の全粒粉食パンと合わせる。手のひらで上から全体をやさしく押さえて具材とパンをなじませる。
4. 耳を切り落とし、3等分に切る。

カリフラワー ✕ 食パン

加熱するとほっくり、生だとシャキシャキ。カリフラワーは生食の方がサンドイッチのなかでの存在感が増します。彩りのために野菜を使う場面が多いですが、あえて白いカリフラワーだけにすると洗練された印象に。塩、白こしょう、ワインビネガーでマリネすると味わいの個性が引き立ちます。

カリフラワーのサンドイッチ

材料(1組分)
全粒粉食パン(8枚切り) …… 2枚
有塩バター …… 8g
カリフラワーのマリネ(p.31参照) …… 55g

作り方
1. 全粒粉食パン1枚の片面に有塩バターの半量を塗り、カリフラワーのマリネをのせる。
2. もう1枚の全粒粉食パンの片面に残りの有塩バターを塗り、1と合わせる。手のひらで上から全体をやさしく押さえて具材とパンをなじませる。
3. 耳を切り落とし、3等分に切る。

カリフラワーと卵のサンドイッチ

生のカリフラワーは卵サラダとの相性がよく、マリネしたものと卵サラダを合わせるのもおすすめです。ここではさらにひと手間かけて、カレー風味のピクルスにしたものときゅうりのピクルス入りの卵サラダを合わせました。パンはトーストして香ばしくすることで、より具材の個性と調和します。

材料（1組分）

山型食パン（10枚切り）…… 2枚
練乳マヨソース（p.39参照）…… 18g
カリフラワーのカレーピクルス
（p.36参照）…… 36g
ピクルス入り卵サラダ※ …… 60g

※ピクルス入り卵サラダ
（作りやすい分量）
ゆで卵2個を粗くつぶし、塩、白こしょう各少々をふって下味を付ける。マヨネーズ24gときゅうりのディルピクルス
（p.36参照・市販品でも可・粗みじん切り）40gと混ぜ合わせる。

作り方

1. 山型食パンは軽く色付く程度にトーストし、1枚の片面に練乳マヨソースを6g塗る。ピクルス入り卵サラダを全体に塗る。

2. 練乳マヨソースを3g細くしぼってかけ、薄切りにしたカリフラワーのカレーピクルスをのせる。さらに練乳マヨソース3gを細くしぼってかける。

3. もう1枚の山型食パンの片面に残りの練乳マヨソースを塗り、**2**と合わせる。手のひらで上から全体をやさしく押さえて具材とパンをなじませる。

4. 下の耳だけ切り落とし、4等分に切る。

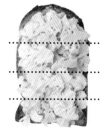

ズッキーニ ✕ 食パン

独特のコリコリした食感が印象的。ズッキーニのシンプルサンドは、レモンとミントの香りを添えることでさわやかな味わいに仕上がります。皮のグリーンと中身の白のコントラストも美しく、夏のサンドイッチの新定番になりそうです。

ズッキーニのサンドイッチ

材料(1組分)

角食パン(10枚切り) …… 2枚
有塩バター …… 10g
ズッキーニ(1.5mmの輪切り) …… 70g
レモン果汁 …… 小さじ1
レモンの皮(すりおろす) …… 少々
ミント(みじん切り) …… 3〜6枚
塩 …… 少々
白こしょう …… 少々

作り方

1. ズッキーニをバットに入れ、レモン果汁、塩、白こしょうをふって全体をなじませる。レモンの皮とミントをふる。レモンの皮は仕上げ用に少量とっておく。
2. 角食パン1枚の片面に有塩バターの半量を塗り、写真を参考に1をずらしながら並べる。
3. もう1枚の角食パンの片面に残りの有塩バターを塗り、2と合わせる。手のひらで上から全体をやさしく押さえて具材とパンをなじませる。
4. 耳を切り落とし、3等分に切る。仕上げにレモンの皮をふる。

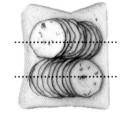

ズッキーニと卵のサンドイッチ

ズッキーニは卵サラダによく合います。味わいだけでなく組み合わせた時の色みのバランスもよく、おすすめの組み合わせです。全粒粉食パンと合わせてヘルシーに。黒こしょうの効いたクリームチーズで程よいコクがプラスされ、食べ応えも十分です。

材料（1組分）

全粒粉食パン（8枚切り） …… 2枚
卵サラダ（p.51参照） …… 60g
黒こしょうクリームチーズ（p.42参照）
……15g
ズッキーニ（2mmの輪切り） …… 40g
塩 …… 少々
白こしょう …… 少々

作り方

1. 全粒粉食パン1枚の片面に黒こしょうクリームチーズを塗り、写真を参考にズッキーニをずらしながら並べ、塩、白こしょうをふる。
2. もう1枚の全粒粉食パンの片面に卵サラダを塗り、1と合わせる。手のひらで上から全体をやさしく押さえてズッキーニと卵サラダをなじませる。
3. 耳を切り落とし、3等分に切る。

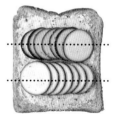

111

マッシュルーム ✕ 食パン

マッシュルーム自体は強い味わいや香りがあるわけではありませんが、ほんの少し味付けしたり組み合わせを工夫したりすることでその個性が引き出せます。白いパンよりもライ麦パンとの組み合わせがおすすめです。穏やかでありながらもライ麦パンに負けないマッシュルームの存在感に驚かされます。

マッシュルームのライ麦パンサンド

材料（1組分）

ライ麦食パン（12枚切り） …… 2枚
ホースラディッシュサワークリーム
（p.43参照） …… 15g
有塩バター …… 6g
マッシュルーム（2mmスライス）
…… 3個（45g）
レモン果汁 …… 少々
塩 …… 少々
白こしょう …… 少々

作り方

1. マッシュルームに塩、白こしょう、レモン果汁をかけてマリネにする（p.32参照）。
2. ライ麦食パン1枚の片面に有塩バターを塗り、写真を参考に1をずらしながら並べる。
3. もう1枚のライ麦食パンの片面にホースラディッシュサワークリームを塗り、2と合わせる。手のひらで上から全体をやさしく押さえて具材とパンをなじませる。
4. 耳を切り落とし、4等分に切る。仕上げに白こしょうをふる。

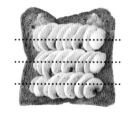

マッシュルームと生ハムのサンドイッチ

それ自体に強い味わいがないのに、力強い個性のある食材と合わせても負けないのがマッシュルームの面白いところです。生ハムもペコリーノ・ロマーノも個性的で強い味わいがありますが、マッシュルームが淡白だからこそ、それぞれの旨味をしっかりと受け止めてくれます。独特の歯応えもクセになります。

材料（1組分）

パン・ド・カンパーニュ（なまこ型・24mm
スライス）…… 1枚（25g）
無塩バター …… 5g
マッシュルーム（2mmスライス）…… 15g
ルッコラ …… 3g
生ハム（プロシュート）…… 10g
ペコリーノ・ロマーノ …… 3g
トリュフソルト（p.46参照）…… 少々
E.V.オリーブ油 …… 少々

【ペコリーノ・ロマーノ】
イタリア・ローマ生まれのハードタイプの羊乳チーズ。塩分が強く、羊乳特有の旨味が凝縮されているので、少量を仕上げに使うとよい。パルメザンチーズで代用可。

作り方

1. パン・ド・カンパーニュは、上部中央に切り込みを入れ、内側に無塩バターを塗る。
2. ルッコラ、生ハムをのせたらE.V.オリーブ油をかけ、マッシュルームをのせる。トリュフソルトとピーラーで薄切りにしたペコリーノ・ロマーノをのせる。

113

サラダ菜 ✕ 食パン

サラダ菜のやわらかな食感と穏やかなグリーンのグラデーションがサンドイッチを上品に仕上げてくれます。歯応えの強い具材よりも口溶けのよい具材が合います。ハムペーストのふわっとやさしい味わいとたっぷりのサラダ菜が好相性。ホースラディッシュのピリッとした辛みが程よいアクセントになっています。

サラダ菜とハムペーストのサンドイッチ

材料(1組分)

角食パン(12枚切り) …… 2枚
ハムペースト(p.51参照) …… 30g
ホースラディッシュサワークリーム
(p.43参照) …… 10g
サラダ菜 …… 12g

作り方

1. 角食パン1枚の片面にホースラディッシュサワークリームを塗り、サラダ菜をのせる。
2. もう1枚の角食パンの片面にハムペーストを塗り、1と合わせる。手のひらで上から全体をやさしく押さえて具材とパンをなじませる。
3. 耳を切り落とし、4等分に切る。

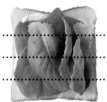

ハムと卵とサラダ菜のバターロールサンド

ソフトなバターロールには、シャキシャキ、パリパリした食感の強い葉物野菜よりもやわらかな葉のサラダ菜がよく合います。レタスやグリーンリーフに比べ、1枚の葉が小さいので、小型パンに合わせやすいのも魅力です。ハムや卵サラダなどやさしい味わいの定番具材でシンプルに組み合わせて。

材料（各1個分）

ハム
バターロール …… 1個(36g)
無塩バター …… 3g
サラダ菜 …… 4g
ロースハム …… 2枚(15g)
練乳マヨソース(p.39参照) …… 3g

卵
バターロール …… 1個(36g)
無塩バター …… 3g
サラダ菜 …… 4g
卵サラダ(p.51参照) …… 40g
練乳マヨソース(p.39参照) …… 3g

作り方

1. バターロールは横から切り込みを入れ、内側に無塩バターを塗る。

2. サラダ菜をはさみ、練乳マヨソースを細くしぼってかける。ロースハムと卵サラダをそれぞれはさむ。

サラダ菜は葉の丸い部分が見えるように、根元の部分は一口大に切って奥にはさむとよい。

水菜 ✕ 食パン

葉物野菜は彩りのためだけではありません。食感の個性を生かすと可能性が広がります。水菜はみずみずしい食感が持ち味です。向きを揃えてパンにのせ、繊維と垂直に切ることで、食感を生かしながら食べやすく仕上がります。ねり梅と白髪ねぎでほんのり和風味に仕上げるのがポイント。ハムと葉物野菜という定番の組み合わせも、ひと工夫で様々にアレンジできます。

水菜とハムの和風サラダサンド

材料(1組分)

角食パン(12枚切り) …… 2枚
無塩バター …… 10g
水菜 …… 20g
ももハム …… 2枚(28g)
白髪ねぎ(p.32参照) …… 4g
ねり梅 …… 4g
マヨネーズ …… 4g

＊練り梅はお好みで柚子こしょうにしてもよい。

作り方

1. 角食パン1枚の片面に無塩バターの半量を塗り、ねり梅を塗り重ねる。

2. ももハム、白髪ねぎを順にのせ、マヨネーズの半量を細くしぼってかける。

3. 水菜をのせ、残りのマヨネーズを細くしぼってかける。もう1枚の角食パンに残りの無塩バターを塗り、**2**と合わせる。手のひらで上から全体をやさしく押さえて具材とパンをなじませる。

4. 耳を切り落とし、3等分に切る。

春菊 ✕ 食パン

生の春菊はほろ苦さとさわやかな香りが新鮮です。パルメザンチーズとクリームチーズの2種のチーズのコクと香り、くるみの食感とのバランスが絶妙で、春菊の魅力を実感できます。茎の部分はしっかりとした食感がありますが、その歯応えもよいアクセントです。時間が経つと食感が変わります。できたてを召し上がれ。

春菊のパルメザンサラダサンド

材料(1組分)

全粒粉食パン(8枚切り) …… 2枚
黒こしょうクリームチーズ
(p.42参照) …… 20g
レモンバター(p.42参照) …… 5g
春菊のパルメザンサラダ※
…… 下記できあがり量

※春菊のパルメザンサラダ
(1組分)
春菊(2cm長さに切る)50g、マヨネーズ
10g、パルメザンチーズ(パウダー)10g、
オニオンドレッシング(p.41参照)15g、く
るみ(ロースト・粗みじん切り)25g、黒
こしょう(粗挽き)少々を混ぜ合わせる。

作り方

1. 全粒粉食パンは軽く色付く程度にトーストする。1枚の片面にレモンバターを塗り、春菊のパルメザンサラダをのせる。
2. もう1枚の全粒粉食パンの片面に黒こしょうクリームチーズを塗り、1と合わせる。手のひらで上から全体をやさしく押さえて具材とパンをなじませる。
3. 耳を切り落とし、3等分に切る。

クレソン ✕ 食パン

クレソンの清涼感と辛みはサンドイッチの味わいをガラッと変えるほどの存在感があります。個性がありながらも、野菜、卵、肉、魚介とオールマイティーに合わせられるのも魅力です。ライ麦パンとサーモンペーストとの組み合わせにさわやかな後味を添え、食材それぞれの持ち味が生きてきます。

クレソンとサーモンペーストのライ麦サンド

材料(1組分)
ライ麦食パン(12枚切り) …… 2枚
サーモンペースト(p.51参照) …… 30g
ホースラディッシュサワークリーム
(p.43参照) …… 15g
クレソン …… 15g

作り方
1. ライ麦食パン1枚の片面にサーモンペーストを塗り、クレソンをのせる。
2. もう1枚のライ麦食パンの片面にホースラディッシュサワークリームを塗り、1と合わせる。手のひらで上から全体をやさしく押さえて具材とパンをなじませる。
3. 耳を切り落とし、4等分に切る。

チコリ ╳ バゲット

定番のバゲットサンドに生野菜が入っていることが少ないのは、パンが水っぽくなったり、食感のバランスが合わなかったりするため。皮がバリッと香ばしいフランスパンは合わせる具材を選びますが、チコリとは好相性。しっかりとした食感でパンに負けず、水分も出にくく、独特のほろ苦さがチーズにもよく合います。

レッドチコリ入りジャンボン・フロマージュ

材料(1本分)

ミニフランスパン …… 1本(100g)
無塩バター …… 10g
レッドチコリ …… 28g
ももハム …… 20g
エメンタール(スライス) …… 20g
練乳マヨソース(p.39参照) …… 4g

【エメンタール】
スイスを代表するハードタイプのチーズ。そのままサンドイッチやサラダに向くほか、チーズフォンデュに使われるチーズとしても知られている。"チーズアイ"と呼ばれる丸い穴があいているのが特徴。グリュイエールチーズや好みのスライスチーズで代用可。

作り方

1. ミニフランスパンは横から切り込みを入れ、内側に無塩バターを塗る。
2. ももハム、エメンタールを順にはさむ。練乳マヨソースを細くしぼってかけ、レッドチコリをはさむ。

119

生野菜サンドの組み立て方

基本編

基本の組み立て方

サンドイッチは気軽な軽食で、本来、自由な食べ物です。パンに好きな食材をはさむだけなので、自分が食べたいものを作る時は迷うことはないでしょう。
その半面、メニュー開発となると何が正解かわからず、難しく感じる方が多いようです。ここでは本書のメニューの組み立て方をパターン化して解説します。生野菜に限らず、全てのサンドイッチ作りに応用できます。メニュー作りに悩んだ時に参考にしてみてください。

① 生野菜1種類の場合

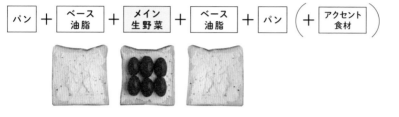

丸ごと、もしくは切っただけの生野菜を使う場合、野菜の味を引き出すためには、何かしらの調味が必要です（次ページの「メインの生野菜の調味方法」参照）。さらにスパイスやハーブをアクセントにプラスすると、シンプルな組み立てでも味わいが引き立ちます。

例) ミニトマトサンド(p.77参照)

② 生野菜2種類以上を組み合わせる場合

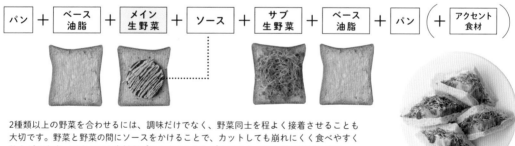

2種類以上の野菜を合わせるには、調味だけでなく、野菜同士を程よく接着させることも大切です。野菜と野菜の間にソースをかけることで、カットしても崩れにくく食べやすく仕上がります。アクセント食材をプラスするとシンプルさのなかにも調理感が出ます。

例)
トマトとスプラウトのサンドイッチ(p.80参照)

③ 生野菜 + 動物性食材 を組み合わせる場合

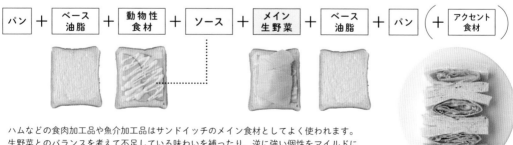

ハムなどの食肉加工品や魚介加工品はサンドイッチのメイン食材としてよく使われます。生野菜とのバランスを考えて不足している味わいを補ったり、逆に強い個性をマイルドにまとめたり、組み合わせるソースで味わいに変化が出せます。

例) レタスハムサンド(p.70参照)

メインの生野菜の調味方法

生野菜をメインにする場合、そのものにしっかりと味を付けるか、ソース類で味を添えることで野菜そのものの味わいを引き出します。味付けは、塩、こしょう、酢でマリネするほか、しっかり漬け込んでピクルスに。ソースを合わせる場合は水分に注意しましょう。パンに塗るバターやクリーム類の味を強くすれば、それだけでもベース調味料になります。

そのまま生野菜をはさむ
(p.58参照)

味付けした生野菜をはさむ
(p.64参照)

動物性食材の選び方

ハムなどの食肉加工品、サーモンやツナなどの魚介加工品のほか、チーズもサンドイッチ作りに欠かせません。市販品は価格と品質が比例します。できるだけ上質なものを選びましょう。伝統的な保存食は、塩分が強くしっかり調味されたものが多いので、生野菜には味付けが必要ないことも。手作りすると塩味など調節できるのが魅力ですが保存には不向き。鮮度管理に気をつけましょう。

食肉加工品

魚介加工品

チーズ類

ベース油脂の選び方

サンドイッチ作りではパンにバターなど、ベースとなる油脂類を塗るのが基本です。具材の水分がパンにしみるのを防ぎ、パンと具材を接着させるのが目的で、おいしさにも貢献します。味の強い具材を合わせる場合は無塩バターを、味付けをしていない生野菜を合わせる場合は有塩バターやフレーバーバターが効果的。組み合わせによってチーズ系のペーストや、マヨネーズ系ソースを使い分けます。

レモンバター
(p.42参照)

練乳マヨソース
(p.39参照)

リコッタクリーム
(p.42参照)

ソースの選び方

メインの生野菜と動物性食材、そしてパンがおいしければ、それだけでおいしいサンドイッチが作れます。でもここまでは足し算です。ソースにこだわることで、ワンランク上の味わいに。おいしさのレベルが変わります。マヨネーズをベースにしたサンドイッチソースは使いやすさが魅力です。ソースがゆるい場合は、パルメザンパウダーやすりごまなど粉末状の食材と合わせると程よいとろみが付きます。

ハーブマヨソース
(p.39参照)

シーザーサラダ
ドレッシング
(p.43参照)

ロシアンドレッシング
(p.43参照)

アクセント食材の選び方

具材とソースで味わいを重ねるにつれて、サンドイッチは軽食から立派なパン料理に変化します。最後に考えたいのが味のアクセントです。ハーブのさわやかな香りやスパイスの刺激、ナッツのカリッとした食感、仕上げに少量足すだけで味わいが引き締まります。マスタードやわさびや柚子こしょう、オニオンスライスや白髪ねぎなどもアクセント食材として使えます。

くるみがアクセント
(p.101参照)

黒こしょうがアクセント
(p.106参照)

複数の野菜の組み立て方

近年人気の広がった具だくさんのボリュームサンドは、彩りのバランス重視で作ると似たような組み合わせになりがちです。また、彩りを重視すると具材数が増え、味わいを調和させるのが難しくなります。複数の具材を組み合わせる場合は、あらかじめテーマをしぼり込みましょう。何げなく組み合わせている具材も、その理由を考えながら構築すると見た目も味わいも全く異なるサンドイッチに生まれ変わります。

彩りを考える

赤、緑、黄色の組み合わせはコントラストが強くパッと目を引くビジュアルになります。わかりやすく彩りが出せるので定番のミックスサンドにはぜひ取り入れたいところです。さらにこだわるなら、このバランスから外れてみましょう。例えば反対色の組み合わせ。赤系のサーモンと、きゅうりのピクルスとルッコラのグリーンは、茶色いライ麦パンにはさむことで大人っぽい色合いに。紫のパストラミビーフと同系色の紫キャベツの組み合わせには、白いザワークラウトを合わせて落ち着いた印象に。鮮やかさだけでないシックなカラーコーディネートでサンドイッチの魅力が広がります。

野菜と動物性食材が
反対色
(p.68参照)

野菜と動物性食材が
同系色
(p.97参照)

食感を考える

パリパリ、シャキシャキ、ポリポリと野菜の種類によって食感の個性があり、切り方や組み合わせ方でも印象が変わります。例えばトマトなら、スライスすると程よい歯応えがありますが、細かく刻むとみずみずしさが際立ち、ソースとして使えます。たまねぎもスライスとみじん切りでは、同じシャキシャキでも微妙に食感が違います。きゅうりのピクルスは食べやすさを重視すれば、スライスやみじん切りが向きますが、大きいまま合わせるとポリポリとしっかりした歯応えで存在感が増します。やさしくまとめるか、力強い食感を生かすのかを考えながら組み立てると、同じ組み合わせでも別物に仕上がります。

シャキシャキ食感
(p.144参照)

のどごしジューシー
(p.145参照)

ダブルデッカーサンドイッチのコツ

食パンのサンドイッチは2枚のパンに具材をはさむのが基本ですが、クラブハウスサンドイッチのようにパンを3枚使うこともあります。この2段重ねのサンドイッチを"ダブルデッカーサンドイッチ"といいます。真ん中に1枚パンが加わることで、より多くの具材を組み合わせやすくなりボリューム感も出ます。具材をはさむ順番によっても味の感じ方や彩りの印象が変わるので、バランスを考えて組み合わせましょう。例えばゴーヤー入りクラブハウスサンドイッチ（p.140参照）は、野菜とベーコンの層と、チキンと卵の層に分けています。野菜と動物性食材で分けず、野菜とベーコンを合わせるのがポイントで、ベーコンの塩味と旨味が野菜の味わいとフレッシュ感を引き立てます。

野菜のフレッシュ感を強調
(p.140参照)

パプリカ＆卵で彩り鮮やか
(p.137参照)

単品コーデの組み立て方

p.58〜119で紹介したサンドイッチは、野菜の個性が実感できるシンプルな組み立てなので、単品では物足りなく感じるものが多いかもしれません。味わい、彩り、栄養バランスなど総合的にバランスよくするには、2、3種類を組み合わせましょう。好きなものを選ぶのもひとつですが、ボックスサンドやパーティーサンドを作る時は、テーマを決めてコーディネートすると間違いが少ないです。彩りは、同系色のグラデーションにすると洗練された印象に、赤、黄、緑を組み合わせると華やかになります。ハムや卵、きゅうり、定番食材の組み合わせのティーサンドイッチは、クラシックな味わいの基本系、和風アレンジの組み合わせ、どちらも魅力的です。

同系色コーデ

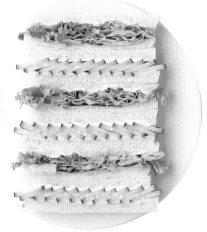

グリーンサラダサンド
(p.71参照) **＋** 斜めスライスきゅうりサンド
(p.58参照)

多色コーデ

ズッキーニと卵の
サンドイッチ
(p.111参照) **＋** せん切りにんじんとツナの
サンドイッチ
(p.87参照)

ティーサンドコーデ（基本系）

きゅうりとハムペーストの
サンドイッチ
(p.63参照) **＋** ブロッコリースプラウトと
卵サラダのサンドイッチ
(p.104参照)

ティーサンドコーデ（和風アレンジ）

きゅうりの漬物の
和風サンド
(p.65参照) **＋** 水菜とハムの
和風サラダサンド
(p.116参照)

基本のミックス野菜 ✕ 食パン

セパレートタイプ

緑の野菜とハム＆卵のミックスサンド

ハムと卵と野菜のシンプルなミックスサンドイッチは定番メニューです。野菜と動物性食材とのバランスがよく、おいしさはもちろんのこと、食べ応えがあるのも人気の理由です。ここではハム、卵、緑の野菜を主役に同じ食材を4枚または3枚のパンではさんで比べてみました。

4枚のパンを使ったセパレートタイプは、それぞれの組み合わせごとに2種の味わいが楽しめるのが魅力です。きゅうりとスプラウトとアボカドのサンドイッチはさっぱりとヘルシー。ハムと卵とサラダ菜のサンドイッチはしっかりとした味わいと食べ応えがあります。ここにトマトのサンドイッチやフルーツやジャムのサンドイッチをプラスして、より豪華なミックスサンドを組み立ててもよいでしょう。

ダブルデッカータイプ

緑の野菜とハム＆卵のミックスサンド

3枚のパンを使って2段重ねにする"ダブルデッカーサンドイッチ"は、真ん中にパンが1枚入ることで、複数の具材をはさんでも安定感のある仕上がりです。ボリューミーな仕上がりで食べ応えも満点ですが、厚みがありすぎると食べにくくなるので歯切れのよさを意識して組み立てましょう。ここでは山型食パンをトーストして香ばしさとサックリとした食感を出しています。噛み締めるごとに口の中で全ての食材が調和するので、左ページのセパレートタイプとは味わいの印象が変わります。セパレートタイプが"食材ミックスサンド"だとすると、ダブルデッカータイプは"味わいミックスサンド"といえるでしょう。

125

基本のミックス野菜 ✕ 食パン

セパレートタイプ【緑の野菜とハム&卵のミックスサンドのはさみ方】

野菜サンド

ハム&卵サンド

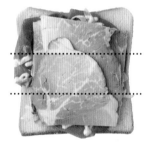

材料(1組分)

野菜サンド
全粒粉食パン(10枚切り) …… 2枚
黒こしょうクリームチーズ(p.42参照) …… 25g
無塩バター …… 4g
きゅうり …… 50g(縦2mmスライス9枚)
ブロッコリースプラウト …… 15g
アボカドペースト(p.175参照) …… 45g
オニオンマヨソース(p.72参照) …… 2g

ハム&卵サンド
角食パン(10枚切り) …… 2枚
無塩バター …… 4g
卵サラダ(p.51参照) …… 60g
新たまねぎ(スライサーで薄切り) …… 10g
サラダ菜 …… 8g
ももハム …… 2枚(50g)
オニオンマヨソース(p.72参照) …… 4g

作り方

1. 野菜サンドを作る。きゅうりはヘタを取り半分の長さに切ってから、スライサーで縦に2mm厚さにスライスする(p.22参照)。

2. 全粒粉食パン1枚の片面に黒こしょうクリームチーズを塗り、ブロッコリースプラウトをのせる。オニオンマヨソースを細くしぼってかけ、**1**のきゅうりを並べる。

3. もう1枚の全粒粉食パンの片面に無塩バターを塗り、アボカドペーストを塗り重ね、**2**と合わせる。手のひらで上から全体をやさしく押さえて具材とパンをなじませる。

4. ハム&卵サンドを作る。角食パン1枚の片面に無塩バターを塗り、サラダ菜をのせ、オニオンマヨソースの半量を細くしぼってかける。新たまねぎをのせ、残りのオニオンマヨソースを細くしぼってかけ、ももハムをのせる。

5. もう1枚の角食パンの片面に卵サラダを塗り、**4**と合わせる。手のひらで上から全体をやさしく押さえて具材とパンをなじませる。

6. **3**と**5**を重ねて耳を切り落とし、3等分に切る。

組み立てのポイント
セパレートタイプのミックスサンドは、1組のなかで彩りのバランスを完結させるのではなく組み合わせた時のバランスを重視します。ここでは野菜サンドはグリーンのグラデーションだけで色みを抑えることで、ハム&卵サンドとのコントラストが際立ちます。この組み合わせをベースにして、パプリカのサンドイッチ(p.106参照)やクレソンとサーモンペーストのライ麦サンド(p.118参照)と組み合わせるとさらに彩りや味わいの充実したミックスサンドになります。

ダブルデッカータイプ【緑の野菜とハム＆卵のミックスサンドのはさみ方】

材料（1組分）

山型食パン（10枚切り）…… 3枚
卵サラダ（p.51参照）…… 70g
黒こしょうクリームチーズ（p.42参照）…… 30g
無塩バター …… 10g
きゅうり …… 65g（斜め3mmスライス8枚）
ブロッコリースプラウト …… 15g
新たまねぎ（スライサーで薄切り）…… 10g
サラダ菜 …… 8g
ももハム …… 2枚（50g）
アボカドペースト（p.175参照）…… 55g
オニオンマヨソース（p.72参照）…… 9g

作り方

1. きゅうりはヘタを取り、スライサーで斜めに2mm厚さにスライスする（p.22参照）。

2. 山型食パンは軽く色付く程度にトーストする。1枚の片面に無塩バターの半量を塗り、サラダ菜をのせる。オニオンマヨソース3gを細くしぼってかけ、新たまねぎをのせる。オニオンマヨソース3gを細くしぼってかけ、ももハムをのせる。

3. 山型食パン1枚の片面に卵サラダを塗り、**2**と合わせる。上面に残りの無塩バターを塗り、アボカドペーストを塗り重ね、ブロッコリースプラウトをのせる。残りのオニオンマヨソースを細くしぼってかけ、写真を参考に**1**を並べる。

4. 山型食パン1枚の片面に黒こしょうクリームチーズを塗り、**3**と合わせる。手のひらで上から全体をやさしく押さえて具材とパンをなじませる。

5. 下の耳だけ切り落とし、4等分に切る。

組み立てのポイント

具だくさんのサンドイッチは中央に厚みが出ますが、ダブルデッカータイプは間にパンが1枚入ることで安定し、フラットに仕上げることができます。とはいえパンが多い分、厚みはしっかり出ます。ボリューム重視で具材の量を増やしすぎると崩れやすく、食べにくくなるのでバランスには注意しましょう。また、各層の組み合わせ方を変えるだけでも味の感じ方が変わります。ここでは卵とアボカドを内側に寄せ、ハムときゅうりを離すことでハムときゅうり、それぞれの味わいがはっきりと感じられるようにしました。逆にハムときゅうりを内側に、卵とアボカドを外側にすると、卵とアボカドのクリーミーさが際立ちます。色々な順番を試しながら、好みのバランスを探してみましょう。

色みを生かしたミックス野菜 ✕ 食パン

緑系

緑の野菜と焼豚の和風ミックスサンド

赤、緑、黄色をバランスよく組み合わせたミックスサンドイッチは華やかで目を引きますが、使う食材が限定され似たようなものになりがちです。色を生かすなら、あえて使う色を抑えるのも一案です。同系色を重ねてグラデーションを付けると洗練された印象に。同系色の食材は味の相性がよいものが多く、繊細な味の重なりも楽しめます。葉物野菜を中心にした緑系野菜はソース選びがおいしさの秘訣。ソースをかける位置がきれいな断面を作るポイントです。

赤い野菜とローストビーフのミックスサンド

緑の野菜と比べると味が強めで個性的な赤、赤紫、オレンジの野菜に同系色の
ローストビーフを合わせました。ローストビーフもしっかりとした味で野菜に
負けません。食べやすさを重視すれば野菜の量は少ない方がよいのですが、少
量ずつでは個々の味を感じにくくなります。複数の野菜を組み合わせる時は、
それぞれの野菜の味わいが感じられる適量とバランスを意識しましょう。

色みを生かしたミックス野菜 ✕ 食パン

緑系 【緑の野菜と焼豚の和風ミックスサンドのはさみ方】

材料(1組分)

全粒粉食パン(8枚切り) …… 2枚
ごましょうゆマヨソース※ …… 18g
きゅうり …… 50g(縦2mmスライス9枚)
レタス …… 40g
サニーレタス …… 6g
青じそ …… 1枚
みょうが(せん切り) …… 6g
焼豚(スライス) …… 45g
マヨネーズ …… 3g

※ごましょうゆマヨソース
(作りやすい分量)
マヨネーズ60g、しょうゆ小さじ1、すりごま(白または金)8gを混ぜ合わせる。

作り方

1. きゅうりはヘタを取り半分の長さに切ってから、スライサーで縦に2mm厚さにスライスする(p.22参照)。

2. 全粒粉食パン1枚の片面にごましょうゆマヨソースを5g塗り、焼豚をのせる。写真を参考にごましょうゆマヨソースを縦に2箇所、1gずつかけ、1のきゅうりをずらしながら並べる。

3. 2と同様にごましょうゆマヨソースを2箇所にかけ、青じそとみょうがをのせ、同様にごましょうゆマヨソースをかける。サニーレタスをのせ、マヨネーズを細くしぼってかける。折りたたんだレタス(p.19参照)をのせ、同様にごましょうゆマヨソースをかける。

4. もう1枚の全粒粉食パンの片面に残りのごましょうゆマヨソース5gを塗り、3と合わせる。手のひらで上から全体をやさしく押さえて具材とパンをなじませる。

5. ワックスペーパーで包んで(p.83参照)から、半分に切る。

組み立てのポイント

葉物野菜がたっぷり入ったサンドイッチはボリューム感と見た目を重視すると味が薄くなりがちです。具材を重ねる度に、ソースを入れると味付けと同時に野菜を接着でき、仕上がりが安定します。ソースはカット位置を外してかけるのがポイントです。カットした時にソースがはみ出て断面が汚れにくくなります。青じそとみょうがの香りがアクセントになり、焼豚とごましょうゆマヨソースの和風味が調和します。

赤系 【赤い野菜とローストビーフのミックスサンドのはさみ方】

材料(1組分)

全粒粉食パン(8枚切り) …… 2枚
ホースラディッシュサワークリーム
(p.43参照) …… 8g
有塩バター …… 8g
にんじんの塩もみ(スライサーでせん切りにしてから
塩もみ・p.26,27参照) …… 50g
紫キャベツの塩もみ(p.21参照) …… 40g
パプリカ(赤・6mm細切り) …… 24g
トレビス …… 20g
レッドキャベツスプラウト …… 10g
紫たまねぎ(薄切り) …… 6g
ローストビーフ(スライス) …… 35g
オニオンマヨソース(p.72参照) …… 9g
グレービーソース …… 5g
塩 …… 少々
白こしょう …… 少々

作り方

1. ローストビーフはバットに広げ、塩、白こしょう、グレービーソースをかける。

2. 全粒粉食パンは軽く色付く程度にトーストし1枚の片面にホースラディッシュサワークリームを塗り、1、紫たまねぎ、レッドキャベツスプラウトを順にのせる。写真を参考にオニオンマヨソースを縦に2箇所、1.5gずつかける。

3. にんじんの塩もみとパプリカをのせ、2と同様にオニオンマヨソースを2箇所にかける。紫キャベツの塩もみをのせ、同様にオニオンマヨソースをかけ、トレビスをのせる。

4. もう1枚の全粒粉食パンの片面に有塩バターを塗り、3と合わせる。手のひらで上から全体をやさしく押さえて具材とパンをなじませる。

5. ワックスペーパーで包んで(p.83参照)から、半分に切る。

組み立てのポイント

野菜と野菜の間にソースをかけるのも、かけ方も緑の野菜と焼豚の和風ミックスサンドと同じです。せん切りにしたにんじんと紫キャベツはあらかじめ塩もみすることで程よく味が付き、カサが減るのでたっぷりの量でも安定してはさめます。パンに対して具材の量が多いサンドイッチはソースを使って接着させてもカットすると崩れやすくなります。ワックスペーパーで包むことでより仕上がりが安定し、食べやすくもなります。

色みを生かしたミックス野菜 ✕ 食パン

白い野菜とチキンのミックスサンド

一般的にサンドイッチは、ひと目で味の想像が付くわかりやすい組み合わせが好まれます。白い野菜のサンドイッチは緑や、赤い野菜のような華やかさがないうえに、何が入っているかもわかりにくいのが難点です。その半面、個々の食材の味わいを生かすと食べた時に驚きがあります。ここでは白い野菜〜カリフラワー、マッシュルーム、チコリ、キャベツとチキンサラダを合わせました。下味を付けた野菜の酸味や隠し味に加えたレモンの香りがアクセントになり、あっさりしながらも素材の個性が光ります。

黄色系

黄色い野菜と卵のミックスサンド

白系のサンドイッチは、ライ麦パンを使うことで具材とパンの色のコントラストを付けています。これに対して、黄色系のサンドイッチは白いパンを使うことでパンと具材のグラデーションを楽しみます。黄色と白が混ざった卵サラダを軸にして、黄色から白系の野菜〜黄色ズッキーニ、カリフラワー、コリンキーを合わせることで穏やかな色調にまとめています。スパイスがほのかに香る甘酸っぱいピクルスと卵のまろやかさは、色みのイメージ通りやさしく調和します。

色みを生かしたミックス野菜 ✕ 食パン

白系 【白い野菜とチキンのミックスサンドのはさみ方】

材料(1組分)

ライ麦食パン(12枚切り) …… 2枚
レモンバター(p.42参照) …… 10g
ザワークラウト(p.35参照・市販品でも可)
…… 30g
カリフラワーのマリネ(p.31参照) …… 18g
マッシュルーム(2mmスライス) …… 15g
チコリ(3mm細切り) …… 15g
チキンサラダ(p.49参照) …… 45g
レモンの皮(すりおろす) …… 少々
オニオンマヨソース(p.72参照) …… 9g
塩 …… 少々
白こしょう …… 少々

作り方

1. ライ麦食パン1枚の片面にレモンバターの半量を塗り、チキンサラダとカリフラワーのマリネを順にのせる。オニオンマヨソース3gを細くしぼってかけ、マッシュルームをのせる。塩、白こしょう、レモンの皮をふる。

2. オニオンマヨソース3gを細くしぼってかけ、チコリをのせる。残りのオニオンマヨソース3gをしぼってかけ、ザワークラウトをのせる。

3. もう1枚のライ麦食パンの片面に残りのレモンバターを塗り、**2**と合わせる。手のひらで上から全体をやさしく押さえて具材とパンをなじませる。

4. 耳を切り落とし、3等分に切る。

組み立てのポイント

緑系、赤系のサンドイッチは具だくさんにすることでその色みを強調していますが、彩度の低い具材の組み合わせの場合はボリュームを控えめにする方が洗練された印象になります。白い食材の色と味わいを引き立てるため、色の濃いライ麦パンを使うのもポイントです。コントラストが付くことで、白系具材のグラデーションが映えます。ここでは自家製のザワークラウトを使用しているため黄味がかっていますが、市販品を使えばより白さが引き立ちます。

黄色系【黄色い野菜と卵のミックスサンドのはさみ方】

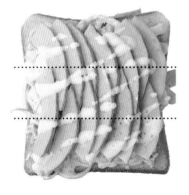

材料(1組分)

角食パン(10枚切り) …… 2枚
レモンバター(p.42参照) …… 10g
コリンキー(2mmスライス・p.14参照) …… 45g
ズッキーニ
(黄色・ヌードル状に切る・p.31参照) …… 35g
カリフラワーのカレーピクルス(p.36参照) …… 30g
卵サラダ(p.51参照) …… 50g
オニオンマヨソース(p.72参照) …… 9g

作り方

1. 角食パン1枚の片面にレモンバターの半量を塗り、卵サラダとズッキーニを順にのせる。オニオンマヨソース3gを細くしぼってかけ、カリフラワーのカレーピクルスをのせる。

2. オニオンマヨソース3gを細くしぼってかけ、コリンキーをのせる。さらに残りのオニオンマヨソース3gをしぼってかける。

3. もう1枚の角食パンの片面に残りのレモンバターを塗り、**2**と合わせる。手のひらで上から全体をやさしく押さえて具材とパンをなじませる。

4. 耳を切り落とし、3等分に切る。

組み立てのポイント

特定の色を生かしたい時には、最初に味と色の主軸となる具材を決めると組み立てがスムーズです。ここでは卵サラダが主軸です。卵サラダと相性のよい、カレー風味のカリフラワーピクルスが野菜側の主役。カレー粉入りのピクルス液に漬け込むことで表面が黄色く色付き、やさしい色みが楽しめます。黄色の色みが一番強いのはコリンキー(p.14参照)。コリコリした食感が心地よく、ほのかな甘味があるクセのない味わいがパンに合います。カリフラワーとコリンキーの食感が重なるので、黄色ズッキーニはヌードル状にカットして歯触りをやさしくしています。ヌードル状にカットすることで卵サラダとなじみやすくもなり、安定します。

定番サラダのミックス野菜 ✕ 食パン

シーザーサラダをパンにはさむ

チキンシーザーサラダサンド

ミックス野菜のサンドイッチ作りで悩んだ時は、好きなサラダを思い浮かべて
みましょう。世界の定番サラダはそのままパンにはさめば間違いのないおいし
さです。メキシコで生まれ、アメリカから世界に人気が広がったシーザーサラ
ダ(P.188参照)は日本でも人気の高いサラダメニューのひとつです。パンをク
ルトンと考えて、トーストして合わせるのがポイントです。ロメインレタスを
主役にチキンも加えると食べ応えがアップします。

ニース風サラダをパンにはさむ

ニース風サラダサンド

フランス南西部・ニース生まれのニース風サラダは、もともと生野菜が主体で加熱した野菜は使われていなかったといわれています。このサラダをはさんだパン・バニャというサンドイッチがありますが、ここでは食パンに合わせて食べやすくアレンジしました。ツナとトマトにこだわると贅沢なおいしさに。ここでは自家製のカツオのコンフィとフルーツトマトを使用しています。アンチョビとオリーブのソース、タプナードがアクセントになった、贅沢な味わいです。

定番サラダのミックス野菜 ✕ 食パン

シーザーサラダをパンにはさむ【チキンシーザーサラダサンドのはさみ方】

材料(1組分)

全粒粉食パン(8枚切り) …… 2枚
無塩バター …… 10g
ロメインレタス …… 48g
パプリカのはちみつピクルス
(7mm縦スライス・p.34参照) …… 35g
スパイシーグリルドチキン
(4mmスライス・p.48参照) …… 68g
シーザーサラダドレッシング
(p.43参照) …… 12g
パルメザンチーズ(パウダー) …… 少々
黒こしょう …… 少々

作り方

1. 全粒粉食パンは軽く色付く程度にトーストし、1枚の片面に無塩バターの半量を塗り、スパイシーグリルドチキンをのせる。シーザーサラダドレッシングの半量を細くしぼってかける。

2. パプリカのはちみつピクルスをのせ、残りのシーザーサラダドレッシングを細くしぼってかける。ロメインレタスは折りたたんで(p.19参照)のせる。

3. もう1枚の全粒粉食パンの片面に残りの無塩バターを塗り、**2**と合わせる。手のひらで上から全体をやさしく押さえて具材とパンをなじませる。

4. 上下の耳を切り落とし、3等分に切る。仕上げにパルメザンチーズと黒こしょうをふる。

組み立てのポイント

2枚のパンで作る具だくさんのサンドイッチはカットすると崩れやすいのが難点ですが、パンをトーストすることで骨格がしっかりして自立しやすくなります。ミックスサンドは具材数が増えがちですが、チキン、パプリカ、ロメインレタスというシンプルな構成ならボリューム感がありつつも安定した仕上がりです。

ピクルスにしたパプリカはしっかり味が付いているので、大きめのサイズでもポリポリおいしく食べられます。ピクルスにせずカットしただけのパプリカを使う場合は、少し細めにカットして量を減らすとバランスが取れます。

ニース風サラダ をパンにはさむ 【ニース風サラダサンドのはさみ方】

材料(1組分)

全粒粉食パン(10枚切り) …… 3枚
無塩バター …… 20g
フルーツトマト(6mmの輪切り) …… 40g
パプリカの塩もみ(p.30参照) …… 25g
紫たまねぎ(薄切り) …… 10g
ルッコラ …… 5g
カツオのコンフィ(p.50参照・市販のツナオイル漬けでも可)
…… 35g
ゆで卵 …… 1個
オニオンマヨソース(p.72参照) …… 12g
タプナード(p.40参照) …… 4g
塩 …… 少々
黒こしょう …… 少々
白こしょう …… 少々

作り方

1. フルーツトマトは両面に軽く塩をふって、ペーパータオルで押さえて余分な水分を取る。

2. 全粒粉食パン1枚の片面に無塩バター5gを塗り、オニオンマヨソース3gを細くしぼってかけ、ルッコラをのせる。オニオンマヨソース3gを細くしぼってかけ、1をのせ、粗く挽いた黒こしょうをふる。

3. 粗くほぐしたカツオのコンフィをのせ、オニオンマヨソース3gを細くしぼってかけ、紫たまねぎをのせる。全粒粉食パン1枚の片面に無塩バター5gを塗ってのせ、手のひらで上から全体をやさしく押さえて具材とパンをなじませる。

4. 3の上面に無塩バター5gを塗り、タプナードを塗り重ねる。エッグスライサーでスライスしたゆで卵をのせ、塩、白こしょうをふる。オニオンマヨソース3gを細くしぼってかけ、パプリカの塩もみをのせる。もう1枚の全粒粉食パンの片面に残りの無塩バター5gを塗ってのせ、手のひらで上から全体をやさしく押さえて具材とパンをなじませる。

5. 耳を切り落とし、3等分に切る。

組み立てのポイント

粗くほぐしたカツオのコンフィをそのままはさむのは自家製のカツオのコンフィのおいしさを生かすため。オニオンマヨソースと紫たまねぎを重ねることで、咀嚼すると口の中で味わいが調和します。市販のツナを使う場合もソリッドタイプ(ブロック状)のものを選ぶとよいでしょう。フレークタイプのツナを使う場合は、オニオンマヨソースと紫たまねぎを和えたツナサラダにしても。

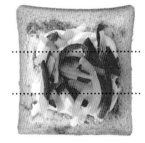

味の個性を生かしたミックス野菜 ✕ 食パン

ゴーヤーの苦味

ゴーヤー入りクラブハウスサンドイッチ

サンドイッチ作りでは味の調和が重要な半面、マイルドな味わいのものばかりでは短調になってしまいます。変化を付けるためにアクセントになる具材や調味料を合わせたり、しっかりとした味わいの動物性食材をメインにしたりしてもよいでしょう。生野菜を主役にするには味や食感の個性が強いものを選びましょう。ここでは定番のクラブハウスサンドイッチをアレンジして、レタスをゴーヤーに替えてみました。ベーコン、チキン、卵と動物性食材が多い組み合わせのなかでも、ゴーヤーの苦味が主張してスッキリと大人っぽい味わいに。夏の新定番にしたいおすすめの一品です。

ピクルスの酸味

ピクルスサラダサンド

酸味のあるドレッシングやソースは生野菜のおいしさを引き立てます。ピクル
スにして生野菜そのものにしっかりと酸味を付けるのも定番の楽しみ方です。
とはいえ、ピクルスはアクセント的に使われることが多く、メインにすること
は少ないのではないでしょうか。ここでは、マヨネーズとディジョンマスター
ドでシンプルに味付けしたチキンサラダと自家製ピクルスを同量合わせてみま
した。間にロメインレタスをはさむことでサラダ感が増し、さらにクリームチ
ーズとパルメザンチーズを合わせることで酸味をしっかり感じながらもまろや
かに調和します。

味の個性を生かしたミックス野菜 ✕ 食パン

ゴーヤーの苦味【ゴーヤー入りクラブハウスサンドイッチのはさみ方】

材料(1組分)

山型食パン(10枚切り) …… 3枚
無塩バター …… 15g
ゴーヤーの塩もみ(p.31参照) …… 40g
トマト(大) …… 60g(6mmの輪切り2枚)
紫たまねぎ(薄切り) …… 10g
チキンサラダ(p.49参照) …… 60g
ゆで卵 …… 1個
ベーコン(半分に切ってソテー) …… 3枚(40g)
オニオンマヨソース(p.72参照) …… 8g
クリームチーズ …… 15g
塩、白こしょう、黒こしょう …… 各少々

作り方

1. トマトは両面に軽く塩をふって、ペーパータオルで押さえて余分な水分を取る。

2. 山型食パンは軽く色付く程度にトーストし、1枚の片面に無塩バター5gを塗る。エッグスライサーでスライスしたゆで卵を並べ、塩、白こしょうをふり、オニオンマヨソース2gを細くしぼってかける。

3. 2の上にチキンサラダをのせ、オニオンマヨソース2gを細くしぼってかけ、紫たまねぎをのせる。

4. 山型食パン1枚の片面に無塩バター5gを塗り、3と合わせる。手のひらで上から全体をやさしく押さえて具材とパンをまじませ、上面に無塩バター5gを塗る。

5. ベーコンをのせ、オニオンマヨソース2gを細くしぼってかける。1をのせ、粗く挽いた黒こしょうをふり、さらにオニオンマヨソース2gを細くしぼってかけ、ゴーヤーの塩もみをのせる。

6. もう1枚の山型食パンの片面にクリームチーズを塗り、5と合わせる。手のひらで上から全体をやさしく押さえて具材とパンをなじませる。

7. 下の耳を切り落とし、山側を切ってから、残りを対角線上に4等分に切る。

組み立てのポイント

ゴーヤーの鮮やかな緑とトマトの赤のコントラストが目を引きます。トマトとベーコンは色みが近く、断面はなじんで目立ちませんが、野菜の層にベーコンがあることで野菜の味が底上げされ、満足感のある味わいになります。パンとトマトが密着しないので、トマトの水分がパンにしみ込むのを防ぐ効果もあります。

ゴーヤーの塩もみをかつおぶし入りのおかか和え(p.102参照)に、オニオンマヨソースをごましょうゆマヨソース(p.130参照)に替えた和風味のアレンジもおすすめです。

ピクルスの酸味【ピクルスサラダサンドのはさみ方】

材料(1組分)

全粒粉食パン(8枚切り) …… 2枚
無塩バター …… 5g
クリームチーズ …… 15g
きゅうりとパプリカと紫たまねぎの
即席ピクルス(p.34参照) …… 50g
ロメインレタス …… 28g
チキンサラダ(p.49参照) …… 50g
マヨネーズ …… 3g
パルメザンチーズ(パウダー) …… 3g

作り方

1. 全粒粉食パンは軽く色付く程度にトーストし、1枚の片面に無塩バターを塗る。チキンサラダをのせ、ロメインレタスを折りたたんで(p.19参照)のせる。

2. マヨネーズを細くしぼってかける。即席ピクルスは、彩りよくきゅうり、パプリカを順に並べてから紫たまねぎをのせ、パルメザンチーズをふる。

3. もう1枚の全粒粉食パンの片面にクリームチーズを塗り、**2**と合わせる。手のひらで上から全体をやさしく押さえて具材とパンをなじませる。半分に切る。

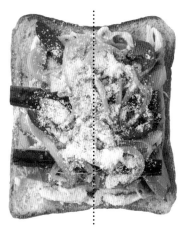

組み立てのポイント

野菜にしっかり味が付いたピクルスやマリネは、素材の味が際立って、少量でも存在感があります。通常はアクセントとして使うことが多いものですが、たっぷりと使うとインパクト大。チキンやレタスと合わせることでサラダサンドらしいさわやかさが引き立ちます。

クリームチーズとパルメザンチーズのW使いもおいしさの秘訣。クリームチーズとパルメザンチーズの旨味が合わさることで、酸味だけが強調されすぎず、まろやかにまとまります。パンに塗ったクリームチーズはパンに水分がしみ込むのを防ぎ、粉末状のパルメザンチーズはピクルスの水分を閉じ込めておいしさを長持ちさせてくれる効果もあります。

ミックス野菜 ✕ ドッグパン

ホットドッグはハンバーガーと並びアメリカを代表する国民食です。ソーセージとケチャップ、マスタードの組み合わせが基本形ですが、地域ごとに様々なトッピングのバリエーションがあります。シカゴ風ホットドッグはその代表格。トマトのジューシー感、ポリポリしたピクルスの食感のバランスがよく、ホットドッグがヘルシーなメニューに変身します。アボカドやトマトのサルサの組み合わせも定番です。ドイツ、イタリア、メキシコなどに由来する様々な味わいのトッピングは、"人種のサラダボウル"といわれるアメリカならではの食文化を体現しています。サラダ感覚で自由な組み合わせを楽しみましょう。

シカゴ風ホットドッグ

材料(1本分)

ドッグパン …… 1本(45g)

マヨネーズ …… 4g

ソーセージ(スモークタイプ・粗挽き)
　…… 1本(58g)

トマト(小)…… 20g(6mmの半月切り3枚)

たまねぎ(みじん切り)……7g

きゅうりのディルピクルス
(p.36参照・市販品でも可)…… 1.5本(28g)

スイートレリッシュ(p.37参照)…… 10g

青唐辛子の酢漬け(輪切り・p.37参照)… 3g

セロリソルト(p.46参照)…… 少々

イエローマスタード …… 3g

作り方

1. ドッグパンは上から切り込みを入れ、内側にマヨネーズを塗る。

2. ソーセージは湯煎で温める。

3. **1**にトマトと**2**をはさみ、イエローマスタードをしぼってかける。

4. 縦半分に切ったきゅうりのディルピクルス、スイートレリッシュ、青唐辛子の酢漬け、たまねぎを順にのせ、セロリソルトをふる。

＊ケシの実がトッピングされたパンとオールビーフのソーセージを使うのが本場流。手に入れば試してみて。

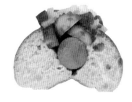

サラダ風ホットドッグ

材料(1本分)

ドッグパン …… 1本(45g)
マヨネーズ …… 4g
ソーセージ（スモークタイプ・粗挽き）… 1本(58g)
サニーレタス
（グリーンリーフ・サニーレタスでも可）……4g
ケッカソース※1(p.41参照) …… 20g
アボカドペースト(p.175参照) …… 18g
紫キャベツの酢漬け※2(市販品・p37参照) ……18g
エスプレット唐辛子
(p.44参照・パプリカパウダーでも可) …… 少々

※1 ここではイタリア風のフレッシュトマトソースを
使用しているが、お好みでメキシコ風のサルサ・メ
ヒカーナ(p.175参照)に変えてもよい。
※2 せん切りにした紫キャベツを塩もみして酢少々
と混ぜ合わせたものを使ってもよい。

作り方

1. ドッグパンは上から切り込みを入れ、内
側にマヨネーズを塗る。
2. ソーセージは湯煎で温める。
3. サニーレタスを**1**の片側にヒダが見えるよ
うにはさみ、その上に**2**をはさむ。紫キャベ
ツの酢漬けをのせ、もう一方のドッグパンの
断面にアボカドペーストを塗り、中央にケッ
カソースをのせる。仕上げにエスプレット唐
辛子をふる。

03

パンに生野菜を
のせる・塗る

オープンサンドイッチの組み立て方

一般的なサンドイッチが2枚のパンに具材をはさむ"クローズドサンドイッチ"なのに対し、1枚のパンの上に具材をのせたものを"オープンサンドイッチ"といいます。味わいや彩りをバランスよく崩れないように"はさむ"ためのテクニックがあるように、食べやすくバランスよく"のせる"ためには組み立て方の基本を知ることが大切です。素材の持ち味が生きるよう、できるだけシンプルに。引き算のおいしさを知っていれば、自由にアレンジできます。

タルティーヌとカナッペとは?

タルティーヌTartineとはフランス語で、パンにバターやジャムを塗ったもののこと。ジャムやバターを塗った朝のパンやパテを塗った軽食のパン、そして、スライスした田舎パンで作るオープンサンドイッチのことでもあります。カナッペCanapéもフランス語で、小さなオープンサンドイッチのこと。食パンの薄切りを丸い型で抜いたものや、カナッペ用に焼かれた目の詰まったフランスパンの薄切りをトーストしてから食材をのせたものはおつまみや前菜として楽しまれています。本書では、特定のメニュー以外は、大きめのパンで作るものをタルティーヌ、小ぶりなものをカナッペとしています。

組み立て方 **1**

しっかり味付けされたバターなどのベースをパンに塗り、その上に食べやすく切った(おもに薄切り)生野菜をのせるのが基本です。野菜自体は調味していないので、野菜の持ち味を生かす塩味の付いたベースを選ぶのがポイント。仕上げのトッピングで味わいや風味を補いながらアクセントを添えましょう。

ベース ソース または バター	+	生野菜	+	トッピング

例1) ミニトマトのタルティーヌ (p.152参照)

にんにくとハーブが香るセルヴェル・ド・カニュをパンに塗るだけでも美味だが、ミニトマトのジューシーさ、甘味と酸味が重なることで洗練されたパン料理になる。ディルの香りのアクセントも印象的。

ベース セルヴェル・ド・カニュ (p.43参照)	+	生野菜 ミニトマト	+	トッピング ディル

例2) マッシュルームのタルティーヌ (p.158参照)

レモンバターの塩気と香りで、あっさりしたマッシュルームの持ち味が引き立つ。トッピングのパルミジャーノ・レッジャーノが塩味と旨味を添え、味の骨格を作る。

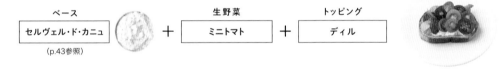

ベース レモンバター (p.42参照)	+	生野菜 マッシュルーム	+	トッピング レモン果汁 パルミジャーノ・ レッジャーノ 白こしょう

例3) 水なすのタルティーヌ (p.160参照)

アンチョビとオリーブのしっかりした味わいが、淡白な水なすとパンを料理に変える。仕上げのオリーブ油とバジルの香りで、洗練された印象に。

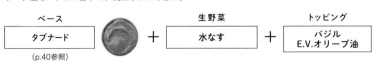

ベース タプナード (p.40参照)	+	生野菜 水なす	+	トッピング バジル E.V.オリーブ油

無塩バターやオリーブ油など、塩味の付いていないベースをパンに塗り、その上にしっかりと調味した生野菜を
のせます。単品でおいしいものも、複数重ねると塩味が強くなりすぎたり、香りが複雑になりすぎたりすること
もあるため、引き算がポイントになります。トッピングは生野菜を調味する時に合わせてしまってもよいでしょう。

ベース
| 無塩バター
または
E.V. オリーブ油 | + | 生野菜に味付け | + | トッピング |

例）**シーアスパラガスのカナッペ** (p.161参照)

メインのシーアスパラガスにしっかり味付けしているので、ベースは無塩バターにす
る。金ごまがシンプルな組み合わせに香りのアクセントを添える。

ベース		生野菜に味付け		トッピング
無塩バター	+	シーアスパラガスに 味付け	+	金すりごま

無塩バターやオリーブ油など、塩味の付いていないベースをパンに塗り、メインの生野菜に合う副食材を合わせ
る。さらに味を補うトッピング食材と、仕上げのアクセントになるトッピング調味料を合わせ、様々な味の要素
を重ねます。味の広がりや奥行きが感じられる、上級編の組み立て方です。

ベース
| 無塩バター
または
E.V. オリーブ油 | + | 生野菜＋副食材 | + | トッピング
食材 | トッピング
調味料 |

例）**チコリと洋梨のタルティーヌ** (p.156参照)

ドライフルーツ入りのライ麦パンを使い、パンそのものの味わいを生かしながら、主役級の食材を複数
組み合わせている。

ベース		生野菜＋副食材		トッピング食材	トッピング調味料
無塩バター	+	チコリ、洋梨	+	生ハム ブルーチーズ	はちみつ 黒こしょう

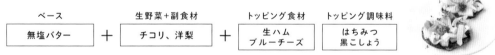

オープンサンドイッチのパンのコツ

トーストが基本

パンで具材をはさむ場合はしっとりしなやかなパンが向きますが、パン
に具材をのせるなら、トーストが基本です。パンがしっとりやわらかす
ぎると片手で持ちにくく、具材がこぼれてしまいます。カリッと焼くこ
とで食感も軽く、歯切れよく食べられます。

パンの切り方は具材で決める

朝食のタルティーヌは、バゲットを水平に切るのが基本です。日本では
なじみのない切り方ですが、気泡のあるバゲットを輪切りにすると、穴
からジャムが落ちてしまいます。水平に切れば、ソース状の具材をのせ
てもクラスト（皮）が受け止めてくれます。食べやすさを考えると、薄い
輪切りがベストです。具材が気泡に落ちるのが気にならないものを合わ
せるとよいでしょう。大きな田舎パンはスライスした1枚をそのまま使
うと、大胆な一品に。食べやすくしたい時は半分に切りましょう。

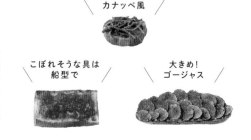

ひとくち
カナッペ風

こぼれそうな具は
船型で

大きめ！
ゴージャス

トマト ✕ バゲット

ブルスケッタ Bruschetta とはイタリアのパン料理で、パンを焼いてからにんにくをこすりつけてオリーブ油をかけたガーリックトーストのこと。トマトをのせたブルスケッタ・アッラ・ケッカ Bruschetta alla checca の人気が高く、前菜の定番です。薄く切ってカリッと焼いたパンとジューシーなケッカソースのコントラストが絶妙です。ソースをのせたらすぐいただきましょう。

ケッカソースのブルスケッタ

材料(3枚分)
バゲット(10mmスライス) …… 3枚(5g/枚)
ケッカソース(p.41参照) …… 60g

作り方
1. バゲットはトースターで表面が色付く程度にカリッと焼く。
2. ケッカソースを1/3量ずつのせる。

ベース　　　　　　　　　生野菜に味付け　　　　　　　　　トッピング
| E.V.オリーブ油 | + | トマトに味付け | + | バジル |

トマト ✕ バゲット

パン・コン・トマテ Pan con tomateはスペイン・カタルーニャ地方の名物パン料理で、ブルスケッタ・アッラ・ケッカによく似ていますがよりシンプル。かたくなったパンにトマトをこすりつけてやわらかくしたのが始まりとされています。粗くおろしたトマトをたっぷりのせると、トマトとパンのペアリングを存分に楽しめます。輪切りにしたバゲットでは気泡からトマトの水分やオリーブ油が流れてしまいますが、水平に切ることでクラスト（皮）が受け止めてくれます。トマトとバゲット。同じ組み合わせでも、切り方やバランスの違いで味の印象が大きく変わります。

パン・コン・トマテ

材料（2枚分）
バゲット …… 10cm
トマト（湯むきしてすりおろす）…… 100g
にんにく …… 1/2片
はちみつ …… 小さじ1
塩 …… 少々
E.V.オリーブ油 …… 大さじ1

作り方
1. バゲットは横から上下半分に切る。断面ににんにくの断面をこすりつけて香りを付ける。トースターで表面が色付く程度にカリッと焼く。
2. ボウルにトマト、はちみつ、塩を入れて混ぜる。
3. 1にE.V.オリーブ油をかけ、2を半量ずつのせる。

トマトは目の粗いセラミック製の鬼おろし器(p.55参照)で粗くおろすか、包丁で粗みじん切りにする。湯むきすると口当たりがよくなる。

ベース		生野菜に味付け		トッピング
にんにく、E.V.オリーブ油	＋	トマトに味付け	＋	はちみつ

トマト ✕ 全粒粉パン

カラフルなミニトマトはスライスしてパンにのせると食べやすく、ビジュアルも魅力的です。風味豊かな全粒粉パンはトーストすると香ばしさが引き立ちます。ハーブとにんにくが香るセルヴェル・ド・カニュをたっぷりと合わせると、ミニトマトとパンが口の中で調和します。パンに塗るベースにしっかり味付けするからこそのバランスです。

ミニトマトのタルティーヌ

材料(1枚分)

全粒粉パン(なまこ型・12mmスライス)
…… 1枚(18g)
セルヴェル・ド・カニュ(p.43参照) …… 16g
カラフルミニトマト …… 35g
ベビーリーフ …… 少々
ディル …… 少々
塩 …… 少々

作り方

1. 全粒粉パンはトースターで表面が色付く程度にカリッと焼く。
2. セルヴェル・ド・カニュを塗り、スライスしたミニトマトをのせる。
3. ベビーリーフを彩りに添え、ディルをのせ、ミニトマトに塩をふる。

ベース		生野菜	トッピング
セルヴェル・ド・カニュ	+	ミニトマト +	ディル

トマト ✕ バゲット

どんな野菜も切り方、味付け、調理方法を変えるだけで、その印象がそれぞれに変化し繊細な持ち味が生きてきます。さらにそれらを組み合わせると、基本の味わいに奥行きが出て、ひとつの野菜の持ち味を最大限味わうことができます。トマトとバジルとモッツァレラチーズで作る、定番のカプレーゼも、セミドライトマトやソースにしたものを重ねることで、トマトの可能性が感じられる組み立てになります。

カプレーゼのカナッペ

材料(3枚分)

バゲット(10mmスライス) …… 3枚(5g/枚)
バジルソース(p.40参照) …… 9g
フルーツトマト(5mmの半月切り) …… 6枚
セミドライトマトのオイル漬け
(p.25参照) …… 6切れ
モッツァレラチーズ(5mmの半月切り) …… 6枚
ケッカソース(p.41参照) …… 18g
塩 …… 少々

作り方

1. バゲットはトースターで表面が色付く程度にカリッと焼く。
2. バジルソースを1/3量ずつ塗り、モッツァレラチーズ、フルーツトマト、セミドライトマトのオイル漬けを順番に重ねたものを2組ずつのせ、塩をふる。
3. 仕上げにケッカソースを1/3量ずつのせる。

ベース		生野菜		トッピング
バジルソース	+	フルーツトマト、セミドライトマト	+	モッツァレラチーズ、バジル

ラディッシュ ✕ バゲット

ラディッシュにバターを合わせるのはフランスの定番の食べ方です。あっさりしたラディッシュにバターをたっぷり合わせることでコクを補い、ラディッシュの辛みで後味はさわやか。食べてみると納得のおいしさです。一口サイズのカナッペにすると食べやすく、ラディッシュとバターのペアリングを実感できます。塩味がしっかり感じられるフランスの有塩バターなら、それだけで上質な調味料になります。

ラディッシュとバターのカナッペ

材料(3枚分)
バゲット(10mmスライス) …… 3枚(5g/枚)
ラディッシュ …… 4〜5個
有塩発酵バター(フランス産) …… 15g
白こしょう …… 少々
ラディッシュの葉 …… 少々

作り方
1. バゲットはトースターで表面が色付く程度にカリッと焼く。
2. 薄くスライスした有塩発酵バターを1/3量ずつのせる。
3. ラディッシュはスライサーで薄切りにし、2にのせる。ラディッシュの葉を添え、仕上げに白こしょうをふる。

ベース		生野菜		トッピング
有塩発酵バター	+	ラディッシュ	+	白こしょう

カラフル大根 ✕ パン・ド・カンパーニュ

ラディッシュとバターの組み合わせを、カラフル大根にアレンジするとシンプルながらも華やかなタルティーヌに。和の印象が強い大根もレモンで香りを補うことで、パンと違和感なく合わせられます。ラディッシュも大根もパリッとした食感がおいしさの要です。できたてを味わいましょう。

カラフル大根のタルティーヌ

材料(2枚分)

パン・ド・カンパーニュ
(なまこ型・12mmスライス) …… 2枚(15g/枚)
レモンバター(p.42参照) ……16g
カラフル大根(紅芯大根、紫大根、青首大根など
お好みで・p.14参照) …… 36g
レモンの皮(すりおろす) …… 少々
白こしょう …… 少々

作り方

1. パン・ド・カンパーニュはトースターで表面が色付く程度にカリッと焼く。
2. カラフル大根は皮をむき、スライサーで2mmの厚さにスライスしてから放射状に切る。
3. 1にレモンバターを半量ずつ塗り、2を彩りよくのせる。仕上げにレモンの皮と白こしょうをふる。

ベース　　　　　　　　　　　生野菜　　　　　　　トッピング
| レモンバター | + | カラフル大根 | + | レモンの皮、白こしょう |

155

チコリ ✕ ドライフルーツ入りライ麦パン

チコリと洋梨を主役にしたタルティーヌは、ドライフルーツ入りのライ麦パンの、自然な甘味と酸味がおいしさの土台となります。チコリのほろ苦さ、洋梨とドライフルーツの甘味、生ハムとブルーチーズの塩味、ライ麦の酸味。個性的な食材が、バターとはちみつと一緒に咀嚼することで、口の中で調和するのが面白く、タルティーヌの奥深さを感じる一品です。

チコリと洋梨のタルティーヌ

材料(2枚分)

ドライフルーツ入りライ麦パン
(なまこ型・9mmスライス) …… 2枚(20g/枚)
無塩バター …… 14g
チコリ(8mm幅に切る) …… 20g
洋梨(いちょう切り) …… 30g
生ハム(プロシュート) …… 6g
ブルーチーズ
(ゴルゴンゾーラ・ピカンテ) …… 6g
はちみつ …… 8g
黒こしょう …… 少々

作り方

1. ドライフルーツ入りライ麦パンはトースターで表面が色付く程度にカリッと焼く。
2. 無塩バターを半量ずつ塗り、チコリと洋梨をのせる。はちみつを2gずつかけてから、ちぎった生ハムと5mmの角切りにしたブルーチーズをのせる。
3. 仕上げにはちみつ2gずつと黒こしょうをかける。

【ゴルゴンゾーラ・ピカンテ】
イタリアの青カビチーズで、青カビ特有のピリッとした刺激が特徴的。塩辛さのなかにほんのり甘味もある。

ベース		生野菜+副食材		トッピング食材		トッピング調味料
無塩バター	+	チコリ、洋梨	+	生ハム、ブルーチーズ		はちみつ、黒こしょう

セロリ ╳ ドライフルーツ入りライ麦パン

チコリと洋梨の組み合わせを応用した、セロリとりんごを主役にしたタルティーヌ。組み合わせのスタイルは同じですが、メインになる野菜と果実、チーズの種類を変えることで、味わいは無限に広がります。個性的な食材を複数組み合わせるには、それぞれの食材を熟知する必要があります。味の重なりや広がりを味わってみてください。

セロリとりんごのタルティーヌ

材料(2枚分)

ドライフルーツ入りライ麦パン
(なまこ型・9mmスライス) …… 2枚(20g/枚)
無塩バター …… 14g
セロリ(薄切り) …… 16g
りんご(いちょう切り) …… 15g
生ハム(プロシュート) …… 6g
白カビチーズ(ブリー) …… 24g
はちみつ …… 8g
黒こしょう …… 少々

作り方

1. ドライフルーツ入りライ麦パンはトースターで表面が色付く程度にカリッと焼く。
2. 無塩バターを半量ずつ塗り、りんごと薄切りにした白カビチーズをのせる。はちみつを2gずつかけてから、セロリとちぎった生ハムをのせる。
3. 仕上げにはちみつ2gずつと黒こしょうをかける。

【ブリー】

カマンベールの原型となったフランスの伝統的な白カビチーズ。中はとろりとクリーミー。ここではマイルドタイプを使用。

ベース		生野菜+副食材		トッピング食材	トッピング調味料
無塩バター	+	セロリ、りんご	+	生ハム、白カビチーズ	はちみつ、黒こしょう

マッシュルーム ✕ パン・ド・カンパーニュ

主役になることの少ないマッシュルームの魅力が引き出された一品です。レモンとパルミジャーノ・レッジャーノが名脇役となり、マッシュルームの個性が光ります。サンドイッチ作りでは、彩りのために複数の食材を合わせたり、様々なソースで強い味付けをしがちですが、引き算が大切です。シンプルなタルティーヌを味わうと、素材の魅力に気付かされます。

マッシュルームのタルティーヌ

材料(2枚分)

パン・ド・カンパーニュ
(なまこ型・10mmスライス) …… 2枚(14g/枚)
レモンバター(p.42参照) …… 10g
マッシュルーム(1mmスライス) …… 30g
パルミジャーノ・レッジャーノ
(かたまりをピーラーで薄切り) …… 6g
塩 …… 少々
白こしょう …… 少々
レモン(くし形切り) …… 2切れ

作り方

1. パン・ド・カンパーニュはトースターで表面が色付く程度にカリッと焼く。
2. レモンバターを半量ずつ塗り、マッシュルームをのせる。塩、白こしょうをふり、パルミジャーノ・レッジャーノをのせる。
3. レモンを添え、食べる直前にしぼる。

【パルミジャーノ・レッジャーノ】
イタリアの硬質チーズ。長期間の熟成による濃厚な旨味と豊かな香りが特徴。しっかりとした塩気とコクを生かして調味料として使える。

ベース		生野菜		トッピング
レモンバター	+	マッシュルーム	+	パルミジャーノ・レッジャーノ、白こしょう、レモン果汁

トリュフ ✕ パン・オ・ルヴァン

トリュフはいわずと知れた高級食材で認知度は高いものの、日本では手に入りにくく、じっくり味わう機会は少ないのではないでしょうか。特有の強い芳香は扱いが難しく、組み合わせを間違えると持ち味を打ち消してしまうことも。トリュフの魅力がわからない、という方にこそ試していただきたいのがこのタルティーヌです。トリュフが香るバターをたっぷりと塗り、スライスしたトリュフをたっぷりとのせて。究極にシンプルだからこそ、トリュフの力強さを実感できます。トリュフの存在感に負けないパンを選ぶのもポイントです。

黒トリュフのタルティーヌ

材料(2枚分)

パン・オ・ルヴァン
(なまこ型・9mmスライス) …… 1枚(34g/枚)
トリュフバター(p.42参照) …… 20g
黒トリュフ(ごく薄くスライス) …… 20g

作り方

1. パン・オ・ルヴァンはトースターで表面が色付く程度にカリッと焼き、斜めに等分に切る。
2. トリュフバターを塗り、黒トリュフをのせる。

ベース		生野菜
トリュフバター	+	黒トリュフ

【パン・オ・ルヴァン】
酸味のある力強い味わいのパン。パン・ド・カンパーニュでもよい。

159

水なす ✕ 全粒粉パン

みずみずしくアクの少ない水なすは、ほんのりと甘味があり生でもおいしくいただけます。しっかりと塩気のあるタプナードが水なすの淡白さを補い、思いのほかパンに合います。バジルとオリーブ油の香りを添えると、ほんのりイタリアンな味わいに仕上がります。

水なすのタルティーヌ

材料(1枚分)

全粒粉パン(なまこ型・12mmスライス)
…… 1枚(20g/枚)
タプナード(p.40参照) …… 4g
水なす(2mmスライス) …… 30g
バジル …… 少々
E.V.オリーブ油 …… 少々

作り方

1. 全粒粉パンはトースターで表面が色付く程度にカリッと焼く。
2. タプナードを塗り、水なすをのせる。せん切りにしたバジルと小さなバジルの葉をのせ、E.V.オリーブ油をかける。

ベース		生野菜		トッピング
タプナード	+	水なす	+	バジル、E.V.オリーブ油

シーアスパラガス ✕ バゲット

生野菜とパンを合わせる際、パンに塗るベースにしっかりと味付けするのか、野菜そのものに味付けをするのか、また両方を調味する場合は重ねた時のバランスを考えて組み立てましょう。シーアスパラガス（p.16参照）はそのものに塩分が含まれており、ほかにはない個性があります。強い味付けをするのではなく、その持ち味を生かしたシンプルな組み立てがポイントです。レモンとオリーブ油とすりごまのバランスがよく、さっぱりといただけます。

シーアスパラガスのカナッペ

材料(3枚分)
バゲット(10mmスライス) …… 3枚(5g/枚)
無塩バター …… 9g
シーアスパラガスとごまのサラダ※ …… 24g
金すりごま …… 少々

作り方
1. バゲットはトースターで表面が色付く程度にカリッと焼く。

2. 無塩バターを1/3量ずつ塗り、シーアスパラガスとごまのサラダを1/3量ずつのせる。仕上げに金すりごまをふる。

※シーアスパラガスとごまのサラダ（作りやすい分量）

レモン果汁10㎖、ディジョンマスタード2g、塩、白こしょう各少々を混ぜ合わせてから、E.V.オリーブ油20㎖と金すりごま(白すりごまでも可)10gを合わせたものをシーアスパラガス(p.16参照)50gに和える。

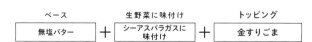

ベース		生野菜に味付け		トッピング
無塩バター	+	シーアスパラガスに味付け	+	金すりごま

04

生野菜が名脇役の
世界のサンドイッチ

ハム が主役、野菜が名脇役

根セロリ入りジャンボン・ブール

Jambon-Céleri-rave-Beurre
France

フランス語でジャンボンとはハム、ブールはバターのこと。バゲットにバターとハムだけという、潔い組み合わせにはサンドイッチの原点ともいえるおいしさがあります。ここに生野菜を合わせるなら、バゲットに負けない食感や香り、また水分が出にくいもの選びましょう。根セロリのシャキシャキした食感や特有のさわやかな香りはハムとの相性もよく、レモンバターを使うことで根セロリのおいしさが一層際立ちます。噛み締めるほどに組み合わせの調和を実感できます。

肉が主役、野菜が名脇役

ローストビーフとクレソンのサンドイッチ

Roast Beef and Watercress Sandwich
U.K.

"サンドイッチ"という名前の由来である、サンドイッチ伯爵が執事に作らせたのは「ローストビーフを2枚の薄切りパンにはさんだもの」といわれています。フランスのジャンボン・ブールと同様に、サンドイッチの原点は、"パンと肉"のシンプルな組み合わせが基本です。このサンドイッチはあくまでも"肉"が主役。クレソンのさわやかな辛みと香りがローストビーフの持ち味を引き立てて、すっきりと心地よい余韻を残します。

165

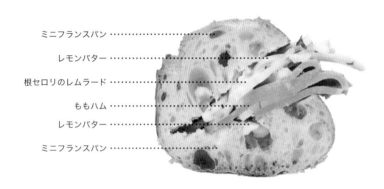

ミニフランスパン …………………

レモンバター …………………

根セロリのレムラード …………………

ももハム …………………

レモンバター …………………

ミニフランスパン …………………

根セロリ入りジャンボン・ブール

材料(1本分)
ミニフランスパン …… 1本(110g)
レモンバター(p.42参照)…… 12g
ももハム …… 40g
根セロリのレムラード(p.186参照)…… 30g

作り方
1. ミニフランスパンは横から切り込みを入れ、内側にレモンバターを塗る。
2. ももハムと根セロリのレムラードをはさむ。

＊シンプルな組み合わせだからこそ、ハムは上質のものを選び、たっぷりとはさもう。

＊レモンバターをトリュフバターに、根セロリをスライスしたトリュフに変えてアレンジしても。極上のトリュフ入りジャンボン・ブールはとびきり贅沢な味わい。

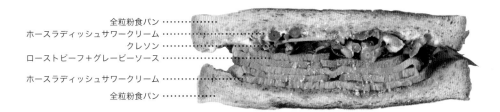

全粒粉食パン ……………
ホースラディッシュサワークリーム ……………
クレソン ……………
ローストビーフ＋グレービーソース ……………
ホースラディッシュサワークリーム ……………
全粒粉食パン ……………

ローストビーフとクレソンのサンドイッチ

材料（1組分）

全粒粉食パン（10枚切り）…… 2枚
ホースラディッシュサワークリーム
（p.43参照）…… 14g
ローストビーフ …… 100g
クレソン …… 10g
グレービーソース …… 18g
塩 …… 少々
白こしょう …… 少々

ローストビーフにはあらかじめ、塩、白こしょうで軽く下味を付けてからグレービーソースをかけて味付けしてパンにはさむ。市販のローストビーフを使う場合は、付属のグレービーソース（ローストビーフ用ソース）をかける。

作り方

1. 全粒粉食パンは軽く色付く程度にトーストする。片面にホースラディッシュサワークリームを半量ずつ塗る。
2. ローストビーフはバットに広げ、塩、白こしょう、グレービーソースをかける。
3. 1に2とクレソンを順にのせ、もう1枚の全粒粉食パンと合わせる。手のひらで上から全体をやさしく押さえて具材とパンをなじませる。上下の耳を切り落とし、4等分に切る。仕上げに白こしょうをふる。

＊サンドイッチ伯爵が食べたのは"コールドビーフのサンドイッチ"ともいわれている。コールドビーフとは、ローストビーフの冷製。サンドイッチのためにローストビーフを焼くのではなく、ローストビーフの残り物があったからパンにはさんだということ。

卵 が主役、野菜が名脇役

アボカドエッグサラダのベーグルサンドイッチ

Avocado Egg Salad Bagel Sandwich
U.S.A.

ベーグルはニューヨーカーの食に欠かせません。そのサンドイッチはヘルシーな軽食として愛されており、たっぷりのクリームチーズを合わせるのが定番。独特の目の詰まった生地によく合います。クリームチーズ以外にも自由に組み合わせることができますが、クリームチーズのようなペースト状のものをベースにするとそのほかの食材が合わせやすくなります。卵サラダにアボカドを加えたまったりとした食感が人気。ルッコラとブロッコリースプラウトでさわやかな辛みを添えるとおしゃれな味わいに。ベーグルは風味豊かな"エブリシング"がよく合います。

セロリが入ったツナメルト

Tuna Melt with Celery
U.S.A.

ツナメルトのメルトは、とろーりとろけたチーズのこと。アメリカでは定番の、ツナとチーズのホットサンドイッチです。主役はツナとチーズでおいしさは間違いありませんが、食べ応えがある分、重くなりがちです。そこでセロリの登場です。特有の清涼感と、シャキッとした食感がアクセントになり後味もさわやかに。たったひとつの野菜が合わさるだけで味わいに抑揚が付き、まさに名脇役であることを実感できます。

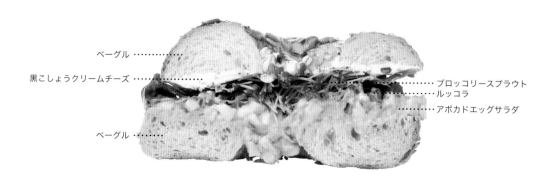

ベーグル ……
黒こしょうクリームチーズ ……
ベーグル ……

…… ブロッコリースプラウト
…… ルッコラ
…… アボカドエッグサラダ

アボカドエッグサラダのベーグルサンドイッチ

材料(1個分)

ベーグル(エブリシング) …… 1個(110g)
アボカドエッグサラダ※ …… 50g
黒こしょうクリームチーズ
(p.42参照) …… 30g
ルッコラ …… 5g
ブロッコリースプラウト …… 15g

※アボカドエッグサラダ
つぶしたアボカド1個(140g)にレモン果
汁小さじ1をかけ、粗く刻んだゆで卵1
個、マヨネーズ15gと合わせる。塩、白
こしょう各少々で味を調える。

作り方

1. ベーグルは横から半分に切り、軽くトーストする。
2. ベーグルの下断面にアボカドエッグサラダ、ル
ッコラ、ブロッコリースプラウトを順にのせる。
3. ベーグルの上断面には黒こしょうクリームチー
ズを塗り、**2**と合わせる。

＊エブリシングベーグルとは、ベーグルのトッピン
グを全部のせたもので、プレーンベーグルの表面に
ごま、にんにく、たまねぎ、雑穀、塩などをまぶし
付けている。このままで塩味が付いているので、シ
ンプルなサンドイッチに使っても味が締まる。

全粒粉食パン ……
チェダーチーズ ……
セロリ ……
ツナサラダ ……
全粒粉食パン ……

セロリが入ったツナメルト

材料(1組分)

全粒粉食パン(10枚切り) …… 2枚
ツナサラダ(p.50参照) …… 50g
セロリ(2mmの薄切り) …… 25g
チェダーチーズ(スライス) …… 50g
無塩バター …… 16g
黒こしょう …… 少々
あればきゅうりのディルピクルス …… 2本

作り方

1. 全粒粉食パンにツナサラダをのせ、黒こしょうをふる。セロリ、チェダーチーズを順にのせ、もう1枚の全粒粉食パンではさむ。

2. 1の上面に無塩バターの半量を塗り、バターを塗った面を下にして200℃に予熱したパニーニグリラーに入れる。上面に残りの無塩バターを塗り、プレスしてチェダーチーズが溶けるまで焼く。

3. 半分に切って器に盛り、きゅうりのディルピクルスを添える。

＊フライパンで焼く場合は、無塩バターを塗った面を下にして焼き色が付くまで焼く。裏返す直前に上面に残りの無塩バターを塗り、両面を焼くとよい。

【 チェダーチーズ 】
イギリス生まれのハードタイプのチーズだが、世界中で作られており、世界のチーズのなかで最も生産量が多い。ここではレッドチェダーを使用しているが、ホワイトチェダーでもよい。

肉 が主役、野菜が名脇役

牛焼肉のバインミー

Bánh Mì Thịt Bò Nướng
Vietnam

元来、米食文化であったベトナムで、今は国民食ともいえるほどに愛されているサンドイッチは、ベトナムならではの味付けと、皮が薄く軽い食感のパンを使うのがポイントです。バインミーBánh mì はパン、ティットthịtは肉のこと。"パンと肉"をメインに甘酢漬けの野菜を合わせるのが基本で、そのパンにはベトナム料理に広く使われる米粉をブレンドすることも。酸味の強いピクルスと肉料理との組み合わせは、欧米でもよく見られますが、味のコントラストが強めです。特定の味が突出するのではなく、甘酸っぱさや、甘辛さが複雑に絡み合いながらも調和しているのがバインミーならではの魅力です。

肉が主役、野菜が名脇役

牛ステーキのタコス

Tacos de Bistec
Mexico

"パンと肉"というのは、世界中でサンドイッチの基本になる組み合わせで、使うパンと肉の調理法や味付けに、その国ならではの個性が出ます。メキシコでは、薄焼きパンのトルティーヤにスパイシーな肉、そしてサルサを合わせます。本書では手に入りやすいフラワー（小麦粉）トルティーヤを使っていますが、本来はとうもろこしの粉で作るコーントルティーヤが基本です。フランスのジャンボン・ブールが、ベトナムではバインミーに変化したように、メキシコで"パンと肉"を合わせると、メインの食材は同じでも全く別の料理になります。こうして、食文化の背景を比較しながら食べることで、パンと食材の組み合わせの可能性が実感できるのではないでしょうか。基本の食材、シンプルな調理法のなかに、サンドイッチ作りのヒントが詰まっています。

173

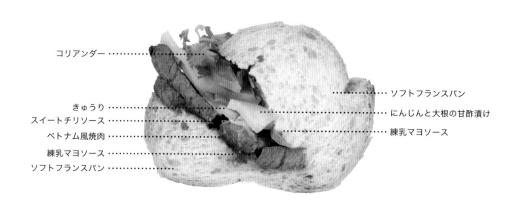

コリアンダー …………

きゅうり …………
スイートチリソース …………
ベトナム風焼肉 …………
練乳マヨソース …………
ソフトフランスパン …………

………… ソフトフランスパン
………… にんじんと大根の甘酢漬け
………… 練乳マヨソース

牛焼肉のバインミー

材料(1本分)

ソフトフランスパン
(バインミー・p.53参照) …… 1本
練乳マヨソース(p.39参照) …… 8g
ベトナム風牛焼肉※ …… 70g
にんじんと大根の甘酢漬け(p.27参照)
……25g
きゅうり(縦2mmスライス) …… 1枚
コリアンダー(ざく切り) …… 4g
スイートチリソース …… 12g

※ベトナム風牛焼肉(作りやすい分量)
牛もも肉(焼肉用)140gに塩、白こしょ
う各少々をふり、ナンプラー大さじ1、
赤ワイン大さじ1、レモングラス(みじ
ん切り)小さじ1を合わせたものに漬け
る。1時間ほど冷蔵庫で味をなじませて
からフライパンで焼く。

作り方

1. ソフトフランスパンは横から切り込みを入れ、
内側に練乳マヨソースを塗る。
2. ベトナム風焼肉をはさみ、スイートチリソース
をかける。きゅうり、にんじんと大根の甘酢漬けを
順にのせ、仕上げにコリアンダーをはさむ。

＊ベトナム、タイ、中国、台湾など、日本以外のア
ジアの多くの国では甘味を付けたマヨネーズが好ま
れている。バインミーにはこの甘酸っぱさが合い、
練乳マヨソース(p.39参照)を使うと現地の味わい
に近づく。

フラワートルティーヤ ……………………………

サルサ・メヒカーナ …………………………

アボカドペースト …………………………

メキシコ風牛ステーキ …………………………

牛ステーキのタコス

材料(3個分)

フラワートルティーヤ …… 3枚
メキシコ風牛ステーキ※1 …… 1枚(400g)
サルサ・メヒカーナ※2 …… 適量
アボカドペースト※3 …… 適量

※1 メキシコ風牛ステーキ(作りやすい分量)
牛ロース肉(ステーキ用)400gに塩8g、黒こ
しょう(粗挽き)小さじ1/3、カイエンペッ
パー小さじ1/4、パプリカパウダー小さじ
1/3、オレガノ(ドライ)小さじ1/3をまぶし
付けてからE.V.オリーブ油大さじ2を全体に
なじませ、グリルでこんがりと焼く。

※2 サルサ・メヒカーナ(作りやすい分量)
トマト200gは5mmの角切りに、紫たまねぎ
50g、ピーマン30g、青唐辛子30g、コリア
ンダー8g、にんにく5gはみじん切りにして
ボウルに入れる。塩5gと混ぜ合わせる。

※3 アボカドペースト(作りやすい分量)
アボカド150gを粗くつぶし、ライム果汁大
さじ1、塩1gと混ぜ合わせる。

作り方

1. フラワートルティーヤはフライパンで両面を軽
く焼いて温める。
2. メキシコ風牛ステーキは細切りにする。
3. **1**に**2**、アボカドペースト、サルサ・メヒカーナ
を順にのせる。

*たっぷりのスパイスで調
味した牛肉は、グリルを使
って直火で焼くことでダイ
ナミックなおいしさを実感
できる。

魚 が主役、野菜が名脇役

サバサンドイッチ

Balık Ekmek
Turkey

バルック・エキメッキBalık Ekmekのバルックとは魚、エキメッキはパンのこと。"パンと肉"のことを何度も述べてきましたが、トルコ・イスタンブール名物のサンドイッチは肉ではなく"パンと魚"です。焼いたサバをパンにはさみ、レタスやたまねぎ、トマトなどの生野菜が添えられます。味付けは塩とレモンでシンプルに。パンはバゲットに似ていますが、ベトナムのバインミーのように軽いタイプを使います。まさに素材そのまま！の味わいですが、だからこそ、誰もがおいしくいただけます。

肉が主役、野菜が名脇役

かつサンド2種
Japan

　"とんかつ"は日本ならではの料理で、明治時代に普及した洋食文化から生まれました。その"とんかつ"をパンにはさんだ"かつサンド"は、日本を代表するサンドイッチともいえます。衣を付けてジューシーに揚げた"とんかつ"そのもののおいしさはもちろんですが、パンにはさむ場合は、ソースがおいしさの要となります。ご飯と一緒にいただく時のソースと、パンに合わせるソースでは、味のバランスや方向性が微妙に異なるので、実際に食べ比べてみるとよいでしょう。とんかつソースをベースに、ケチャップやはちみつを加えて、少し甘めにすると食パンによく合います。ここでは生野菜を使ったアレンジをご紹介します。暑い季節におすすめなのが、ごまおろしポン酢。大根は粗くおろし、すりごまを加えて水分を吸わせるとパンと合わせやすくなります。オニオンドレッシングの酸味とパルメザンのコクをプラスしたソースは、洋食風の味わい。キャベツのせん切りに合わせたバジルの香りも新鮮です。

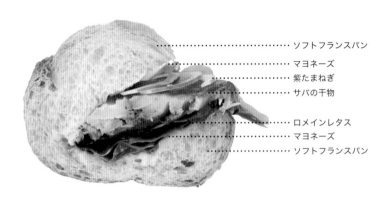

ソフトフランスパン
マヨネーズ
紫たまねぎ
サバの干物

ロメインレタス
マヨネーズ
ソフトフランスパン

サバサンドイッチ

材料(1本分)

ソフトフランスパン(バインミー・p.53参照) …… 1本
マヨネーズ …… 8g
サバの干物 … 100g
ロメインレタス …… 10g
紫たまねぎ(薄切り) …… 10g
レモン(くし形切り) …… 1切れ

作り方

1. ソフトフランスパンは横から切り込みを入れ、内側にマヨネーズを塗る。
2. サバの干物はグリルでこんがり焼く。
3. 1にロメインレタス、2、紫たまねぎを順にはさむ。
4. レモンを添え、食べる直前にサバの干物にしぼる。

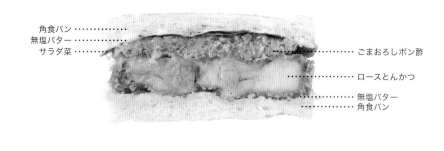

角食パン ……………
無塩バター ……………
サラダ菜 ……………
                                        ……… ごまおろしポン酢
                                        ……… ロースとんかつ
                                        ……… 無塩バター
                                        ……… 角食パン

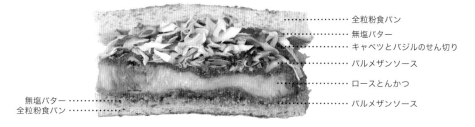

                                        ……… 全粒粉食パン
                                        ……… 無塩バター
                                        ……… キャベツとバジルのせん切り
                                        ……… パルメザンソース
                                        ……… ロースとんかつ
無塩バター ……………
全粒粉食パン ……………   ……… パルメザンソース

かつサンド2種

材料(各1組分)

おろしかつサンド
角食パン(8枚切り) …… 2枚
無塩バター ……10g
ロースとんかつ …… 1枚(130g)
サラダ菜 …… 5g
ごまおろしポン酢※1…… 50g

パルメザンソースかつサンド
全粒粉食パン(8枚切り) …… 2枚
無塩バター …… 10g
ロースとんかつ …… 1枚(130g)
キャベツ(せん切り) …… 25g
バジル(せん切り) …… 3g
パルメザンソース※2 …… 30g

※1 ごまおろしポン酢(作りやすい分量)
大根おろし(ザルに上げて水気を切ったもの)100gにポン酢25g、白すりごま20gを混ぜ合わせる。

※2 パルメザンソース(作りやすい分量)
とんかつソース50g、オニオンドレッシング(p.41参照)20g、パルメザンチーズ(パウダー)10gを混ぜ合わせる。

作り方

1. おろしかつサンドを作る。角食パンの片面に無塩バターを半量ずつ塗り、ロースとんかつ、ごまおろしポン酢、サラダ菜を順にのせる。耳を切り落とし、3等分に切る。

2. パルメザンソースかつサンドを作る。全粒粉食パンは軽く色付く程度にトーストする。片面に無塩バターを半量ずつ塗る。ロースとんかつの両面に半量ずつパルメザンソースを塗り、全粒粉食パンにのせる。キャベツとバジルを混ぜ合わせてのせ、もう1枚の全粒粉食パンと合わせる。手のひらで上から全体をやさしく押さえて具材とパンをなじませる。耳を切り落とし、半分に切る。

＊ごまおろしポン酢(写真右)の大根は、鬼おろしや目の粗いセラミック製の鬼おろし器(p.55参照)で粗くおろすと大根の食感が生かせる。パルメザンソース(写真左)は、オニオンドレッシングでさわやかな酸味を添え、パルメザンチーズで香りとコクを加えると同時にソースにとろみが付き、パンに合わせやすくなる。

05

パンに合う
世界の
生野菜料理

Italy

パンツァネッラ

Panzanella

イタリア・トスカーナ地方生まれのパンのサラダは、パンを水で湿らせて作ります。レシピだけ見ると驚きますが、古くてかたくなったパンを最後までおいしくいただくための生活の知恵でもあります。水分を含んだパンはのどごしがよく、食べると納得の味わいです。ここでは野菜をたっぷり使いましたが、本来はトマトときゅうりとたまねぎが基本です。野菜の量と種類を減らし、パンを多めにすると素朴なイタリアの家庭料理に近づきます。

材料(2〜3人分)
バゲット …… 1/4本
カラフルミニトマト
……10個(またはトマト1個)
きゅうり …… 100g(1本)
セロリ …… 120g(1本)
紫たまねぎ …… 1/4個
トレビス(レタスやルッコラでも可)
…… 1/2個
生ハム(プロシュート) …… 2枚
バジル …… 5〜8枚
白ワインビネガー …… 大さじ1と1/2
はちみつ …… 小さじ2
塩 …… 小さじ1/3
白こしょう …… 少々
E.V.オリーブ油 …… 大さじ3

作り方
1. バゲットは3等分に切る。ボウルに水をたっぷり入れ、バゲットを入れて水分をしっかりと吸わせてから手でギュッとしぼる。食べやすい大きさにちぎっておく。
2. きゅうりは縦半分に切って種を取り、6mm厚さの斜め切りにする(p.23参照)。セロリと紫たまねぎは薄切りにする。トレビスは食べやすい大きさにちぎる。
3. ミニトマトは半分に切ってボウルに入れる。白ワインビネガー、はちみつ、塩、白こしょうを加えて軽く混ぜ合わせてからE.V.オリーブ油を加える。
4. 3に1を加えて混ぜ合わせてから、2と一口大に切った生ハムとちぎったバジルを加える。器に盛り、お好みでE.V.オリーブ油少々(分量外)をかける。

＊ドレッシングをあらかじめ作らなくても、ボウルの中で混ぜ合わせていくことで味がなじんでまとまる。野菜の組み合わせはお好みでアレンジして。

かたくなったバゲットは水分を吸わせることで、野菜やドレッシングと絡みやすくなり食べやすい。野菜と一緒に冷やすとよりおいしく、暑い季節に向く。

材料(作りやすい分量)

にんにく …… 30g
アンチョビ …… 30g
生クリーム(乳脂肪分42%) …… 80㎖
牛乳 …… 適量
E.V.オリーブ油 …… 120㎖
お好みの野菜
(チコリ、パプリカ、にんじん、
きゅうり、ミニトマト、ラディッシュ、
トレビスなど) …… 適量
お好みのパン(バゲットや
フォカッチャなど) …… 適量

作り方

1. にんにくは皮をむき、半分に切
って芯を取る。小鍋に入れ、牛乳と
水を半量ずつひたひたになるまで加
え、にんにくがやわらかくなるまで
弱火で20分煮る。ザルに上げて水
気を切る。
2. 1とアンチョビを小鍋に入れ、
E.V.オリーブ油を加えて弱火で5分
煮る。ハンドブレンダーでなめらか
になるまで攪拌する。
3. 生クリームを加えてなめらかに
乳化するまで泡立て器で混ぜながら
温める。お好みの野菜とパンを添え
る。バーニャカウダポットがあれ
ば、キャンドルで温めながら食べる。

＊にんにくは牛乳と水でじっくり煮
ることでにんにくのにおいが抑えら
れ、マイルドな味わいに。

＊作り置きする場合は、生クリーム
を加える前(作り方2)の状態で1カ
月程度保存可能。保存瓶に入れて冷
蔵保存し、食べる直前に生クリーム
と合わせる。

Italy

バーニャカウダ

Bagna càuda

北イタリア・ピエモンテ州生まれの冬の料理。バーニャはソース、カウダは熱いとい
う意味の方言です。日本では、生野菜がおいしくいただけるメニューとして人気が定
着していますが、熱いソースに温野菜を添えるのが本場流。にんにくとアンチョビの
効いたソースは、野菜はもちろん、パンが進むおいしさです。バーニャカウダポット
にソースが残った時は、卵とじにしてパンに付けましょう。

材料(2〜3人分)

トマト …… 300g(2個)
きゅうり …… 100g(1本)
紫たまねぎ …… 50g(1/4個)
ピーマン …… 40g(1個)
フェタチーズ …… 150g
黒オリーブの塩漬け …… 10粒
白ワインビネガー …… 20㎖
オレガノ(ドライ) …… 小さじ1/2
塩 …… 小さじ1/4
E.V.オリーブ油 …… 40㎖

作り方

1. トマトは一口大に切る。きゅうりは皮をピーラーで縦にしま模様になるようにむき、7mm厚さの輪切りにする。紫たまねぎはスライサーで薄切りにする。ピーマンは縦半分に切って種を取り、3mm厚さに切る。
2. 白ワインビネガー、オレガノ、塩をボウルに入れ、泡立て器で混ぜて塩を溶かす。E.V.オリーブ油を混ぜ合わせてから、一口大に切ったフェタチーズと黒オリーブの塩漬けを合わせる。
3. 2と1を軽く混ぜ合わせてから器に盛る。

＊基本の野菜はパンツァネッラ(p.182参照)と同じだが、合わせるチーズやハーブが違うと味わいは大きく異なる。食べ比べてみると面白い。

＊一口大に切ったフェタチーズと黒オリーブだけを調味料と合わせてマリネにして冷蔵庫にストックしておくと、気軽に作れる。その場合はE.V.オリーブ油を多めにし、フェタチーズと黒オリーブが漬かるようにする。黒オリーブはオリーブマリネ(p.36参照)を使ってもよい。

【フェタ】
ギリシャを代表する羊・山羊乳製のフレッシュチーズ。強めの塩味とさわやかな酸味が特徴でサラダに向く。

Greece

ホリアティキサラタ

χωριάτικη σαλάτα

ギリシャの田舎風サラダで、野菜はトマト、きゅうり、たまねぎ、ピーマンが基本です。ここに欠かせないのが羊や山羊のミルクから作られるギリシャの伝統的なフレッシュチーズ、フェタfetaとオリーブです。身近な野菜のシンプルな組み合わせですが、フェタの塩味やオリーブの香りがアクセントになり、異国の味わいを実感できます。

材料(2～3人分)
プレーンヨーグルト
(水切りして半量になったもの)
……150g
きゅうり(すりおろして水気を切ったもの)
…… 100g
にんにく(すりおろす) …… 2g
ディル …… 適量
塩 …… 小さじ1/2
E.V.オリーブ油 …… 少々
バゲット(スライス) …… 適量

作り方
1. きゅうりはセラミックのおろし器を使ってすりおろす。ザルに上げて軽く水気を切ってから計量する。
2. 1とプレーンヨーグルト、にんにく、ディルの葉、塩を混ぜ合わせてから器に盛る。仕上げにE.V.オリーブ油をかけ、薄くスライスしたバゲットを添える。

プレーンヨーグルトは、キッチンペーパーを敷いたザルに入れ、ボウルに重ねて水切りする。ラップをして冷蔵庫に一晩おくと約半量になる。

きゅうりは粗めのセラミック製の鬼おろし器(p.55参照)があれば、粗くおろすことができ水っぽくなりにくい。大きなきゅうりで種が気になる場合は、縦に切って種を取り除いて使ってもよい。

Greece
ジャジキ
Τζατζίκι

ギリシャの食卓にヨーグルトは欠かせないものです。近年、日本でも人気が広がったギリシャヨーグルトは、水切り製法により水分や乳清（ホエー）を除去しています。濃厚でクリーミーな食感を生かして、料理にも広く使われます。このヨーグルトを使った代表メニューが"ジャジキ"で、ギリシャの伝統的な前菜です。ヨーグルトときゅうりで作るディップソースで、パンに塗るだけでなく、魚・肉料理のソースとしても楽しむことができます。ここではディルを使用していますが、ミントも合います。

材料(作りやすい分量)

ビーツラペ
ビーツ(イエロー・せん切り) …… 160g
レモン果汁 …… 小さじ2
レモンの皮(すりおろす) …… 1/4個分
塩 …… 小さじ1/8
白こしょう …… 少々
E.V.オリーブ油 …… 大さじ2

マッシュルームの生クリーム和え
マッシュルーム(2mmスライス)
…… 150g
イタリアンパセリ(みじん切り)
…… 小さじ2
生クリーム …… 大さじ2
レモン果汁 …… 大さじ1
塩 …… 小さじ1/8
白こしょう …… 少々

根セロリのレムラード
根セロリ(せん切り・p.32参照) …… 200g
イタリアンパセリ(みじん切り) … 小さじ2
マヨネーズ …… 50g
ディジョンマスタード …… 10g
レモン果汁 …… 小さじ2

作り方

ビーツラペ
ビーツに塩、白こしょう、レモン果汁をかけて全体になじませてから、E.V.オリーブ油とレモンの皮を合わせる。味を見て足りなければ、塩、白こしょう各少々(分量外)を足す。

マッシュルームの生クリーム和え
マッシュルームにレモン果汁、塩、白こしょうをかけ、全体を軽く混ぜ合わせてから生クリームとイタリアンパセリを加えて混ぜる。味を見て足りなければ、塩、白こしょう各少々(分量外)を足す。

根セロリのレムラード
根セロリはレモン果汁をかけてなじませる。別のボウルでイタリアンパセリ、マヨネーズ、ディジョンマスタードを混ぜ合わせてから、根セロリと和える。味を見て足りなければ、塩、白こしょう各少々(分量外)を足す。

＊缶詰のビーツを使う場合は、1cmの角切りにして調味料と合わせてもよい。

＊生クリーム和えはきゅうりにも合う。その場合は、イタリアンパセリの代わりにディルかミントを合わせて。

＊根セロリにディジョンマスタード入りのマヨネーズを合わせるのは定番の組み合わせ。

＊この3種にプラスして、キャロットラペ(p.35参照)やジャジキ(p.185参照)と一緒に盛り合わせてもよい。

France

クリュディテ
ビーツラペ、マッシュルームの生クリーム和え、根セロリのレムラード

Crudités

クリュディテとは前菜用の生野菜の盛り合わせのこと。単品の野菜をヴィネグレットソース(ドレッシング)やマヨネーズと合わせたシンプルな料理で、キャロットラペ(p.35参照)もクリュディテのひとつです。複数組み合わせる前提なので、ヴィネグレットソース、マヨネーズ、クリームというように、野菜ごとに味付け用のソースを変えて組み合わせましょう。ハーブやレモンの皮などで香りのアクセントも添えて。シンプルながらもそれぞれの野菜の個性を実感できます。

材料(2〜3人分)

クスクス …… 100g
きゅうり … 100g(1本)
トマト …… 100g(大1/2個)
紫たまねぎ …… 100g(1/2個)
イタリアンパセリ …… 8g
ミント …… 2g
レモン果汁 …… 40㎖
はちみつ …… 小さじ1
塩 …… 小さじ2/3
白こしょう …… 少々
E.V.オリーブ油 …… 40㎖
あればベビーリーフ …… 適量

作り方

1. クスクスを戻す。クスクスをボウルに入れ、熱湯1/2カップを注いでラップして5分ほど蒸らす。
2. きゅうり、トマト、紫たまねぎは5mmの角切りにする。
3. イタリアンパセリとミントの葉はみじん切りにする。
4. レモン果汁、はちみつ、塩、白こしょうを合わせて泡立て器で混ぜる。塩が溶けたらE.V.オリーブ油と混ぜ合わせる。
5. 1と4を混ぜ合わせ、さらに2と3を合わせる。味を見て足りなければ、塩、白こしょう各少々(分量外)を足す。冷蔵庫で2時間ほど冷やして味をなじませる。
6. 器に盛り、ベビーリーフを添える。

＊レバノンのタブレは、クスクスではなくブルグルという挽き割り小麦を使い、驚くほどたっぷりのパセリを合わせます。

France

タブレ

Taboulé

タブレとは小型のパスタ「クスクス」を使ったサラダのこと。レバノン発祥ですが、今ではフランスの国民食といわれるほどに親しまれており、デリやスーパーでも定番のお惣菜です。野菜が細かく刻まれてクスクスとなじんでいるので食べやすく、たっぷりのハーブで後味もさわやか。いつもの野菜の組み合わせも、切り方を変えてクスクスと合わせると新鮮な味わいになります。

材料(2〜3人分)
ロメインレタス …… 1/2個
クルトン※1 …… バゲット1/4本分
ポーチドエッグ※2 …… 1個
シーザーサラダドレッシング
(p.43参照) …… 適量
パルメザンチーズ(すりおろす)
…… 適量

※1 クルトン
バゲット1/4本は一口大に切り、にんにくの断面をこすりつけて香りを付ける。E.V.オリーブ油大さじ1と混ぜ合わせてからバットに並べ、160℃に予熱したオーブンで焼き色が付くまで10〜12分焼く。

※2 ポーチドエッグ
小さなボウルに卵1個を割り入れておく。小鍋に湯を沸かして酢を加える。分量は水3カップに対し、酢大さじ2が目安。沸騰したら菜箸で鍋の内側をくるくると回して水流を作り、素早く中央に卵を入れる。2分半ゆで、白身が固まったら網じゃくしですくい、氷水を入れたボウルに取る。

作り方

1. ロメインレタスは葉をはがして洗い、水気をしっかりと切る。
2. 器に1とクルトンを盛り、中央にポーチドエッグをのせる。シーザーサラダドレッシングとパルメザンチーズをかける。ポーチドエッグを崩し、混ぜ合わせて食べる。

＊クルトンの量はお好みで。ロメインレタスを主役にするなら少なめに、クルトンを多めにすると食べ応えがありサンドイッチ感覚で楽しめる。

＊粉末状のパルメザンチーズは手軽で便利だが、より本格的な味わいを目指すならイタリア産のパルミジャーノ・レッジャーノのかたまりをすりおろすとよい。豊かな香りと深い味わいで、ワンランク上のおいしさに。

U.S.A.

シーザーサラダ

Caesar Salad

メキシコ・ティファナのレストランで1924年に生まれたサラダで、ロメインレタスとクルトンが主役です。生まれたのはメキシコですが、ティファナはアメリカとの国境付近にあり、アメリカで人気が広がりました。カリッと焼いたクルトンの食感と香ばしさ、たっぷりのパルメザンチーズのコクと旨味で、ロメインレタスのみずみずしさが引き立ちます。ドレッシングの材料をその場で混ぜ合わせてからロメインレタスと和えるのが本式で、プレゼンテーションもお楽しみのひとつ。シンプルだからこそ世界中に広まった、伝説のサラダです。

材料(2〜3人分)

スパイシーグリルドチキン
(p.48参照) ······ 180g
セロリ ······ 120g(1本)
りんご ······ 100g(1/2個)
ロメインレタス ······ 100g(1/3個)
にんじん ······ 50g(1/2本)
くるみ(ロースト) ······ 30g
レーズン ······ 30g
オニオンドレッシング
(p.41参照) ····· 100g
ミモレット
(ピーラーで薄く削る) ······ 適量

作り方

1. スパイシーグリルドチキンは
10mmの角切りにする。セロリ、り
んご、ロメインレタス、にんじんは
8mmの角切りにする。
2. 1と粗く刻んだくるみ、レーズ
ンをボウルに入れ、オニオンドレッ
シングを加えてよく和える。
3. 器に盛り、ミモレットをかける。

＊野菜の種類はお好みで。雑穀や豆
類を合わせるとボリュームが出る。

【ミモレット】
フランスのハードタイプのチーズ
で明るいオレンジ色の断面が印象
的。熟成の若いものはソフトでマ
イルドな味わい。熟成が進んだも
のは水分が飛んでかたくなり、旨
味が凝縮する。

U.S.A.
チョップドサラダ
Chopped Salad

近年、N.Y.で人気が広まったチョップドサラダは、その名の通り、食材が細かく刻ま
れているのが特徴です。使う食材に決まりはなく、サラダ専門店では食材を選んでカ
スタマイズできます。好きな具材とドレッシングを選ぶと、目の前で細かく刻み、ド
レッシングを和えてくれます。小さく切られており、味がなじんでいるうえに、スプ
ーン1本でいただける食べやすさも人気の秘密。シーザーサラダのダイナミックさと
は正反対の魅力があります。小さめに作ったクルトンを合わせてもよいでしょう。

材料(3〜4人分)

トマト …… 300g(中2個・
ミニトマトでも可)
きゅうり …… 100g(1本)
パプリカ(黄) …… 100g(1個)
たまねぎ …… 50g(1/4個)
バゲット(食パンでも可) …… 40g
にんにく(すりおろす) …… 1/2片
白ワインビネガー …… 大さじ1
塩 …… 3g
白こしょう …… 少々
E.V.オリーブ油 …… 大さじ3

トッピング

E.V.オリーブ油 …… 少々
あればエスプレット唐辛子
(カイエンペッパー、赤唐辛子でも可)
…… 少々

作り方

1. バゲットは一口大に切り、150
mℓの水をかけてふやかす。
2. トマトは湯むきする。パプリカ
は種を取る。トマト、パプリカ、き
ゅうりはトッピング用に少量取り分
け、5mmの角切りにする。にんに
く以外の残りの野菜は全て一口大に
切る。
3. 1と一口大に切った野菜、にんに
く、E.V.オリーブ油、白ワインビネ
ガー、塩、白こしょうを合わせてミ
キサーにかけ、なめらかになるまで
攪拌する。味を見て足りなければ、
塩、白こしょう各少々(分量外)を足
す。冷蔵庫で2時間から一晩冷やす
とパンがなじんで程よいとろみが付
く。
4. 器に盛り、2のトッピング用の野
菜をのせ、E.V.オリーブ油とエスプ
レット唐辛子をかける。

＊野菜とパンが同時に取れるので、
夏の朝食にもよい。野菜の種類やバ
ランスを変えて自由にアレンジでき
るのも魅力。

Spain

ガスパチョ

Gazpacho

南スペイン・セビーリャ発祥のトマトとパンがベースの冷製スープ。元々はすり鉢と
すりこぎを使って野菜をすりつぶして作られていましたが、現代ではミキサーで気軽
に作れます。かたくなってしまったパンを無駄なく活用できるだけでなく、スープに
とろみがあり、のどごしよく仕上がります。暑い夏のビタミン、水分補給にもぴった
りで、今では世界中で親しまれています。

材料（2〜3人分）
白身魚の刺身
（鯛、ヒラメ、スズキなど）…… 200g
紫たまねぎ（繊維に沿って薄切り・
p.28参照）…… 50g（1/4個）
にんにく（すりおろす）…… 1/4片
青唐辛子（みじん切り）…… 1本
コリアンダー（みじん切り）…… 適量
ライム果汁 …… 大さじ2
塩 …… 小さじ1/2
白こしょう …… 少々

付け合わせ
葉物野菜（フリルレタス、
サニーレタスなど）…… 適量
とうもろこし
（生食可能なものはそのままで・
加熱しても）…… 適量
バゲット …… 適量

作り方
1. 白身魚の刺身は一口大に切る。
2. ボウルににんにく、青唐辛子、
コリアンダー（トッピング用に少量
取り分けておく）、ライム果汁を入
れて混ぜ合わせ、塩、白こしょうで
味を調える。1を加えてよく和えて
から、紫たまねぎを合わせる。
3. 器に盛り、取り分けておいたコ
リアンダーをふり、葉物野菜、とう
もろこし、スライスしたバゲットを
添える。

＊ピリッと辛いマリネに甘い野菜を
合わせるのがポイント。ここでは、
生食用のとうもろこしを添えている
が、ペルーではゆでたさつまいもと
とうもろこしを添えるのが定番。

Peru
セビーチェ
Ceviche

セビーチェはペルーの伝統的な魚介のマリネで、ライムの香りと酸味、唐辛子とにん
にくのピリッとした辛みが特徴です。コリアンダーと紫たまねぎがよいアクセントに
なり、日本の刺身とは一味違うさわやかな味わいで、サラダ感覚で食べられます。バ
ゲットなどのシンプルなパンとの相性がよく、このままパンにのせたり、パンにマリ
ネ液を付けたりしても美味。白身魚のほか、タコや帆立でも同様に楽しめます。

ナガタユイ
Food coordinator

食品メーカー、食材専門店でのメニューおよび商品開発職を経て独立。サンドイッチやパンのある食卓を中心に、メニュー開発コンサルティング、書籍や広告のフードコーディネートなど、幅広く食の提案に携わる。日本ソムリエ協会認定ソムリエ、チーズプロフェッショナル協会認定チーズプロフェッショナル、国際中医薬膳師、ル・コルドン・ブルーのグラン・ディプロム取得。著書に『サンドイッチの発想と組み立て』『卵とパンの組み立て方』『果実とパンの組み立て方』(全て誠文堂新光社)、『フレンチトーストとパン料理』(河出書房新社) などがある。

参考文献
『フランス 食の事典』(白水社)
『新ラルース料理大辞典』(同朋舎)
『新・野菜の便利帳 健康編』(高橋書店)
『ホットドッグの歴史』(原書房)
『本格メキシコ料理の調理技術 タコス&サルサ』(旭屋出版)

調理アシスタント 坂本詠子
撮影 髙杉 純
デザイン・装丁 那須彩子 (苺デザイン)

サラダサンドの探求と展開、料理への応用
生野菜とパンの組み立て方

2021年2月18日 発 行 NDC596
2023年4月14日 第2刷

著 者 ナガタユイ
発行者 小川雄一
発行所 株式会社 誠文堂新光社
〒113-0033 東京都文京区本郷3-3-11
電話03-5800-5780
https://www.seibundo-shinkosha.net/
印刷所 株式会社 大熊整美堂
製本所 和光堂 株式会社